了不起的
工程师

［英］保罗·威尔（Paul Virr） 威廉·波特（William Potter） 著

张旭光 译

中国科学技术出版社
·北京·

The 50 Greatest Engineers: The People Whose Innovations Have Shaped Our World by Paul Virr and William Potter
Copyright ©Arcturus Holdings Limited
www.arcturuspublishing.com
The simplified Chinese translation copyright by China Science and Technology Press Co., Ltd.
北京市版权局著作权合同登记　图字：01-2022-4007。

图书在版编目（CIP）数据

了不起的工程师 /（英）保罗·威尔，（英）威廉·波特著；张旭光译. --北京：中国科学技术出版社，2022.10

书名原文: The 50 Greatest Engineers：The People Whose Innovations Have Shaped Our World

ISBN 978-7-5046-9667-0

Ⅰ.①了… Ⅱ.①保… ②威… ③张… Ⅲ.①工程师—生平事迹—世界 Ⅳ.①K816.16

中国版本图书馆CIP数据核字（2022）第112921号

策划编辑	申永刚　刘　畅　屈昕雨
责任编辑	申永刚
封面设计	马筱琨
版式设计	蚂蚁设计
责任校对	吕传新
责任印制	李晓霖

出　　版	中国科学技术出版社
发　　行	中国科学技术出版社有限公司发行部
地　　址	北京市海淀区中关村南大街16号
邮　　编	100081
发行电话	010-62173865
传　　真	010-62173081
网　　址	http://www.cspbooks.com.cn
开　　本	889mm×1194mm　1/16
字　　数	246千字
印　　张	13
版　　次	2022年10月第1版
印　　次	2022年10月第1次印刷
印　　刷	北京盛通印刷股份有限公司
书　　号	ISBN 978-7-5046-9667-0 / K·324
定　　价	138.00元

（凡购买本社图书，如有缺页、倒页、脱页者，本社发行部负责调换）

THE 50

GREATEST
ENGINEERS

了不起的工程师

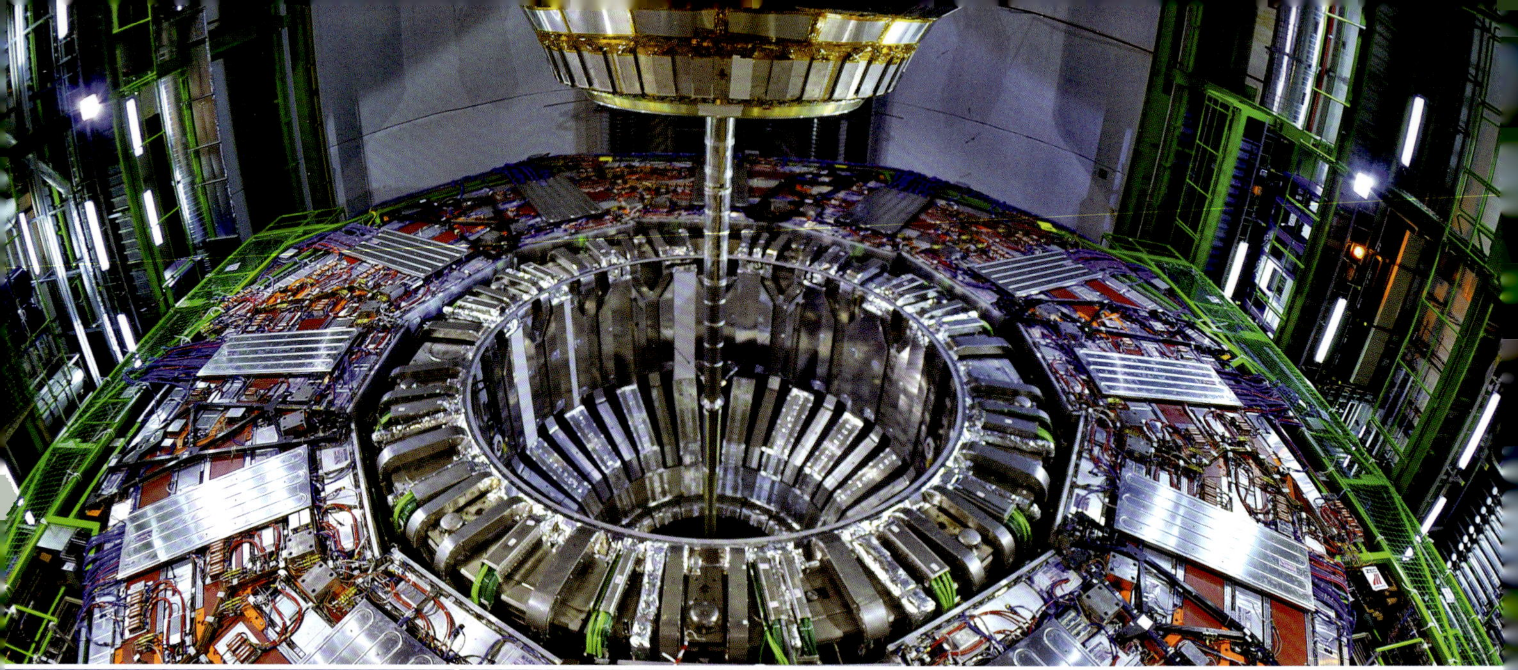

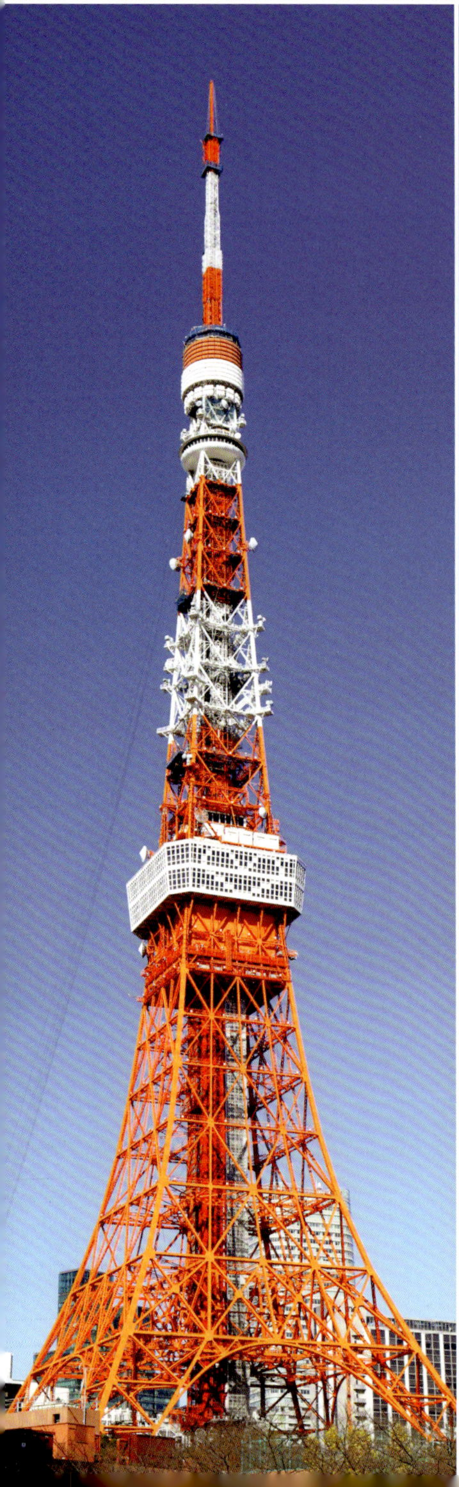

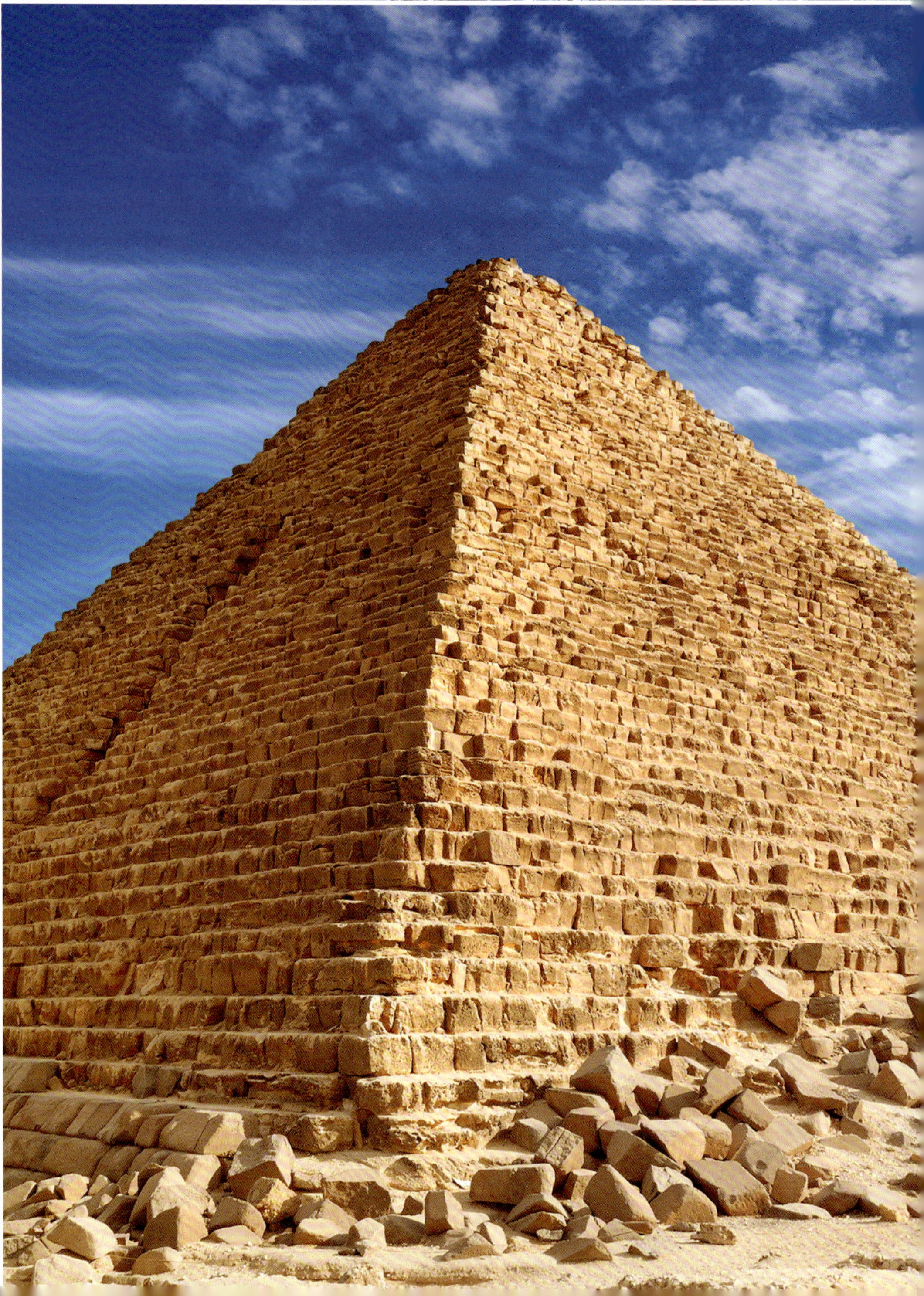

导 言
INTRODUCTION

　　当你听到"工程"这个词，最先闪现在你脑海中的图景大概是建筑领域的丰功伟绩，但是除了这些显要的成就之外，更为普遍的事实是：工程广泛地存在于人类世界中。我们赖以生存的人类世界，从高耸入云的摩天大楼和大型强子对撞机（一组巨型科研仪器，目前世界上最大的科学装置之一），到肉眼无法识别的硅晶片微型电路和微孔碳纳米管，都是工程学设计而成的。本书为对构建这个世界做出过贡献的工程师进行了选择性的收录，讲述一些他们的故事。

　　在我们接触这些工程师之前，先对他们所设计的工程项目进行鉴赏是有所裨益的。我们甚至应该对如下基本问题先行了解一番：何为工程？"工程"这个词语通常置于诸如"土木""结构"或者"机械"等限定词之后。这一系列的专业名称对工程领域的涵盖范围有所揭示。然而，所有工程师的共同特征是，他们都为现实世界的种种问题提供实际的解决方案。这些解决方案通常是物理装置和机械设备，但是也可能是无形的技术，譬如将原材料加工成有用的产品或者将数据转化成有意义的信息等工艺流程。

　　为了对工程的概念做进一步解读，我们可以说，工程师对人类的各种需求都提供了解决方案。尽管进化已经使所有生物都演化出了与生存环境相适应的自身条件，但我们人类拥有一套使我们对自然环境

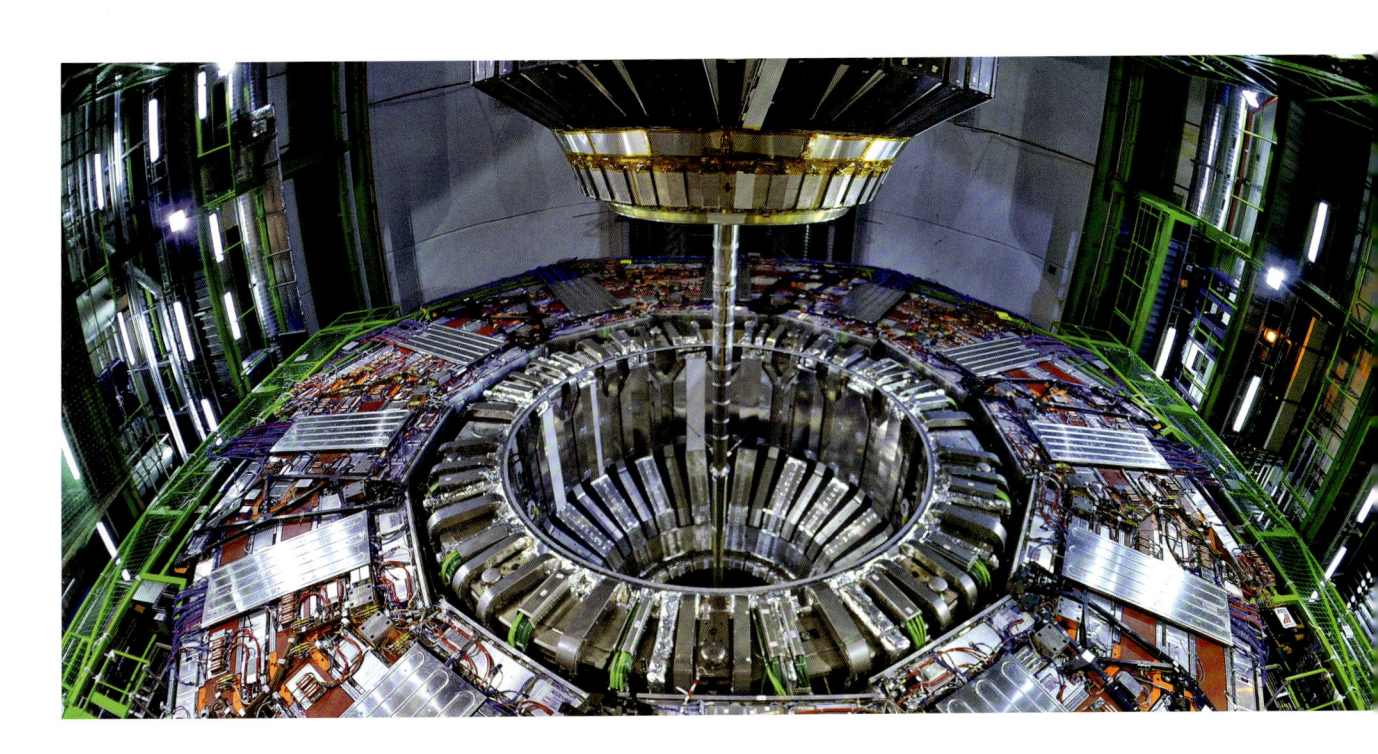

实现更大限度掌控的独特技能。我们利用智慧制造各种各样的工具，并且利用这些工具将世界塑造成适合我们生存的样子。我们可以将采用燧石设计石质手斧的史前祖先视为最初的工程师。从早期基本工具到诸如杠杆、滑轮和车轮之类的简单机械，我们能够追溯到工程的基础设备，而恰恰是这些基础设备最终引领着我们进入了以人类为地球主宰物种的现代世界。如今，围绕在我们身边的日常基础设施是工程师日积月累的结果。当你对日常使用的任何器物思考一番，你一定会发现它拥有一段非常奇妙的工程故事。

并非所有的工程师都是先驱、科学家或发明家，尽管历史上曾经出现过很多涵盖了所有这些角色的伟大工程师。工程师通常以其他人的作品为基础进行作业，对已经存在的发明进行整合或改进从而交付工程产品。工程师对科学发明密切关注，并将科学技术应用到日常生活的众多实用领域中。这便是工程的故事在诸如文艺复兴和工业革命等科技高速发展时期会层出不穷并且多姿多彩的根本原因。

我们从古至今择取了50位能够代表某些主要工程成就的工程师。就工程学这样庞大的学科而言，我们必须进行必要的选择。直到最近，才有更多女性工程师的成就从档案中被发现。我们希望她们的成功以及本书所收录的所有其他工程师的成就都会启发读者的灵感。如今，面对未来的挑战，尤其是面对气候变化产生的影响，人类似乎比以往更加需要工程师。虽然他们会采用诸如机器人和人工智能之类的全新科技进行作业，但是他们将像本书所收录的工程师一样找到问题的解决方案并使自己的创意成为现实。

目录 CONTENTS

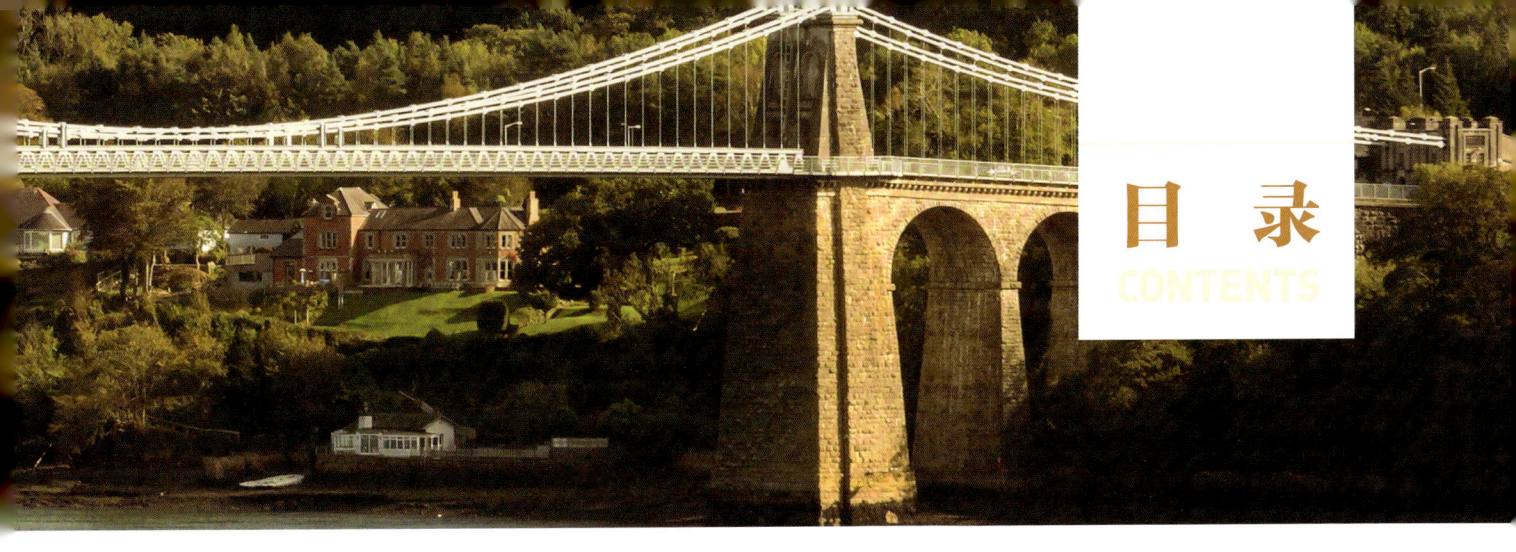

伊姆霍特普……4

阿基米德……8

克特西比乌斯……12

维特鲁威……14

亚历山大港的海伦……16

张衡……18

大马士革的阿波罗多洛斯……22

加扎利……26

菲利波·布鲁内莱斯基……30

马里亚诺·迪·雅克布（塔科拉）……36

列奥纳多·达·芬奇……40

科尼利斯·德雷贝尔……46

克里斯蒂安·惠更斯……48

罗伯特·胡克……50

托马斯·纽科门……54

约翰·哈里森……58

詹姆斯·瓦特……62

托马斯·特尔福德……68

理查德·特里维西克……72

乔治·凯利……76

乔治·史蒂芬逊和罗伯特·史蒂芬逊……80

迈克尔·法拉第……86

伊桑巴德·金德姆·布鲁内尔……88

约翰·奥古斯都·罗布林、华盛顿·奥古斯都·罗布林和艾米莉·沃伦·罗布林……94

约瑟夫·巴泽尔杰特……98

尼古拉斯·奥托……104

威廉·勒巴隆·詹尼……106

戈特利布·戴姆勒……110

托马斯·爱迪生……114

亚历山大·格雷厄姆·贝尔……120

弗拉基米尔·舒霍夫……126

赫莎·埃尔顿……130

尼古拉·特斯拉……132

格兰维尔·伍兹……138

鲁道夫·狄塞尔……142

卢米埃尔兄弟……146

莱特兄弟……150

古列尔莫·马可尼……156

莉莲·莫勒·吉尔布雷斯……160

罗伯特·哈金斯·戈达德……162

诺拉·斯坦顿·布拉奇·巴尼……168

奥莉芙·丹尼斯……170

内藤多仲……172

韦雷娜·霍姆斯……176

埃格·西科斯基……180

理查德·巴克敏斯特·富勒……186

伊尔姆加德·弗吕格·洛茨……190

弗兰克·惠特尔……192

沃纳·冯·布劳恩……196

法兹勒·拉曼·汗……200

图片出处……204

伊姆霍特普

> 4000年历史从那些金字塔的顶端俯视着我们。
> ——拿破仑·波拿巴，1798年

最高成就

位于塞加拉的阶梯金字塔

塞加拉阶梯金字塔大约在公元前2650年竣工，是第一座阶梯式金字塔，也是最早的纪念性建筑物之一。

上图：公元前7世纪制作的伊姆霍特普雕像。

时至今日，在古代世界的七大奇迹中，只有胡夫大金字塔依然屹立。在作为统治古埃及的法老的坟墓的百余座金字塔之中，胡夫大金字塔是规模最大的金字塔。埃及考古学者、工程师和实验考古学家，就这些巨大的墓葬性纪念建筑究竟是如何建造的仍然争论不休。但是所有专家一致认同的是，这些古代建筑是当年建造它们的早期工程精湛技术的证明。

古埃及的金字塔和神殿不仅使那些发布政令建造它们的统治者们名垂千古，而且也足以使某些金字塔的建筑师流芳百世。一些保存至今的雕像和碑文让我们可以看到某些早期土木工程师——史料可考的最早工程师——的真容。位于早期金字塔建筑师之首的便是伊姆霍特普[①]。他曾经在古埃及第三王朝早期国王之一左塞尔的麾下担任臣职。作为法老所任命的最高官员之一，伊姆霍特普负责管理王国的日常事务，同时兼管全部王室建筑工作。4600多年前，他在塞加拉建造了第一座金字塔——塞加拉阶梯金字塔。

[①] 译者注：亦名，印何阗。

下图：尽管历经了几十个世纪的风侵雨蚀，位于塞加拉的塞加拉阶梯金字塔的阶梯形结构如今依然清晰可见。

了不起的工程师

上图：由伊姆霍特普建造的多柱厅是以塞加拉阶梯金字塔为核心的塞加拉墓葬群的一部分。

　　和吉萨金字塔采用的从方形基座到塔尖直线上升的三角形结构有所不同的是，塞加拉阶梯金字塔采用的是数层逐渐缩小的平台搭建的阶梯式结构。塞加拉阶梯金字塔屹立在规模宏大的墓葬建筑群的中心地带，它们只是左塞尔下令建造的遍布整个王国的宏伟建筑项目的一部分，反映并且巩固了其政治生命力。

　　由伊姆霍特普设计并建造的塞加拉阶梯金字塔是一个革新性的建筑物——世上第一座以石材为原料的大型建筑物。在此之前，古埃及的建筑物是采用泥砖、芦苇和木料建造而成。这座金字塔也标志着古埃及统治者们墓葬纪念建筑的建造方式发生了根本性的变化。此前历任法老的坟墓均是名为玛斯塔巴的矩形平顶建筑物。玛斯塔巴高约9米，倾斜的墓壁和平整的墓顶均由泥砖建造。伊姆霍特普打破传统，用石灰岩砖块作为原料建造了一座规模更加宏大的皇家陵墓。

　　塞加拉阶梯金字塔共使用了30多万立方米的石灰岩，这使其成为彼时的埃及有史以来最庞大和最复杂的土木工程项目。埃及此前从未有过阶梯金字塔之类的建筑，所以塞加拉阶梯金字塔成为此后的金字塔建筑师们借鉴和发展的原型。除了种种技术挑战，伊姆霍特普还必须解决开采和运输材料的物流问题以及大量劳力的组织问题。与经典的说法有所不同，建造埃及金字塔的劳动力并非由奴隶充当。极有可能的情况是，伊姆霍特普采用了半终身性的技术工人作为核心，并在长年累月的劳作中以轮换制的劳动力作为人力补充。

　　事实上，塞加拉阶梯金字塔是由六座石灰岩质的玛斯塔巴按照由大到小的顺序自下而上堆叠而成的。它是以一座外镶石灰岩的传统玛斯塔巴为基座分阶段修建的。由石灰岩块建造

的平台在后期逐级堆砌在这个基座之上。竣工之后，塞加拉阶梯金字塔高出其矩形地基62.5米，整个塞加拉高原上都能看见它那高耸的身影。一系列用于举行仪礼的神殿和建筑物星罗棋布地坐落在这座金字塔周围。这个庞大的墓葬群周围屹立着10米多高的石灰岩质围墙。地下工程同样令人印象深刻。一个由错综复杂的隧道铺就的迷宫围绕着法老的花岗岩墓室。这里共有几百间墓室，某些装饰着莎纸草捆的奢华柱子，某些镶嵌着蓝色瓷砖。

伊姆霍特普耗费了18年左右的时间完成了阶梯金字塔的建筑工作。这个不朽的工程是在没有采用轮子或者滑车仅采用杠杆和诸如铜凿、锯子、钻头、圆锤石、铅垂线和测量棒之类的简单工具的情况下完成的。伊姆霍特普的地标性建筑为后来的金字塔建筑师提供了精神的鼓舞，也鼓舞着众多的现代工程师。

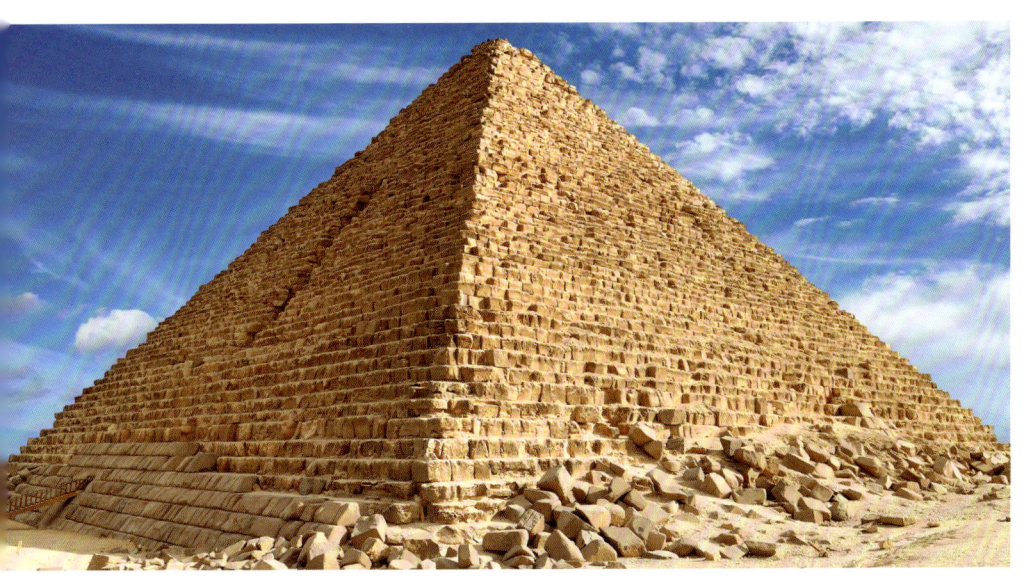

上图：左塞尔法老雕像。

位于吉萨的胡夫大金字塔竣工于公元前2560年前后，是法老胡夫的巨型坟墓。大金字塔采用230万块石砖堆砌而成，竣工时的高度超过140米，保持地球上最高人类建筑的纪录超过3800年。胡夫的臣子，海米昂，是负责大金字塔建设工程的总工程师和建筑师。

上图：开罗附近的胡夫大金字塔。

右图：胡夫的臣子，海米昂，大金字塔的总工程师和建筑师。

了不起的工程师

阿基米德

给我一个支点，我将撬动整个地球。

——阿基米德

最高成就

阿基米德原理
公元前3世纪中期

组合滑车
大约公元前250年

阿基米德螺旋式抽水机
大约公元前250年

阿基米德之爪
公元前214年，阿基米德在锡拉丘兹围城之战中为保护城池免受罗马侵略而设计的武器。

上图：阿基米德。

尽管关于古希腊数学家阿基米德的生平和工作有很多不同传说，但是多亏有人在其去世几个世纪之后做了经典记载，他才不仅作为数学家先驱受到后世铭记，也作为史上最早的工程师之一而被传颂至今。

阿基米德于公元前3世纪出生在锡拉丘兹，一个位于现今西西里岛海岸的希腊城邦国家。彼时，尽管雅典的中央影响力日渐衰颓，但希腊的知识文化早已生发，且在地中海沿岸各地呈现出蓬勃之势。作为一个充满好奇心的年轻人，阿基米德很有可能因为渴求知识而远赴埃及访师求学。

埃及城市亚历山大港在彼时是地中海地区的知识中心，也是世界闻名的学习和研究中心博学园[①]的所在地。位于城市中心的亚历山大图书馆收藏了数万部古本手卷。这座知识宝库吸引了来自各地的学者。我们知道，阿基米德与图书馆馆长希腊天文学家埃拉托色尼多有往来，但是对于其他影响阿基米德的知识渠道，我们却只能抱以猜测的态度。阿基米德大概遇到过一些和他一样对数学与几何充满激

[①] 译者注：缪斯神庙。

下图：阿基米德螺旋式抽水机的工作图。

情的学者，也遇到过为其各自的领主开发新式军事科技的工程师。

当阿基米德返回故里后，作为工程师为锡拉丘兹的领主希罗二世效劳，其间他将工作之余的时间分配给了数学研究。阿基米德的数学成就保存在个人的手稿中，而且大部分都是理论性的研究。身为机械天才的他作为发明家和工程师所展示出来的实践才能则在一系列故事中得到了体现。

其中最广为人知的一则故事是，希罗二世

了不起的工程师

国王命令阿基米德计算出他委托金匠制作的皇冠究竟是使用纯金打造的,还是金匠偷取了部分黄金并且采用密度更低的白银替换了一部分相同质量的黄金打造的。这就意味着,皇冠质量相同而体积却不同。阿基米德意识到,他可以通过使用不规则物体去替换一个容器中等量体积的水的方式计算出该不规则物体的体积。人们说,他是在把自己没进澡盆并且看到水位上升时想到这个主意的。遗憾的是,他没来得及穿衣服就跑到马路上大喊"尤里卡!"("我找到啦!")的著名故事,极有可能仅是夸大其词的胡编乱造。

左图：阿基米德之爪（在锡拉丘兹围城之战中）对抗罗马侵略者。

抽水机而远近闻名，这是一种用圆柱体外壳封装螺旋状中轴的水泵。这两项发明在古代世界都是具有开创性意义的，也是当今许多机械设备的简单配件。

阿基米德也和杠杆有不解之缘，这可能始于他在埃及游历时见识到了建筑师使用杠杆。尽管杠杆并不是由阿基米德发明的，但是他却采用数学的方式描述了杠杆的工作原理。他也曾经发表过那句震撼寰宇的论断——利用一支足够长的杠杆和一个支点，就能撬动地球。

和历史上灿若星河的工程师们别无二致的是，阿基米德也应征为战争施展才华。为了保卫故乡锡拉丘兹，阿基米德改良了弩炮的力度和精度。据说，他在城墙中建造过向外延伸的柱子，并以此向敌方战舰抛射巨石。他也建造了一种名为"阿基米德之爪"的武器，这种武器能够捕捉敌军战舰并且将其抓出水面、摇成碎片。更加广为流传的是，他发明了更为神奇的热能射线武器，这种武器能够利用组合镜面将太阳的能量集中到敌军战舰上，对敌军施以火攻。

遗憾的是，阿基米德的军事发明未能使锡拉丘兹免遭罗马军队屠戮。在长达2年的围城之战之后，锡拉丘兹陷落了。阿基米德遭到罗马士兵杀害，他那令世人惊叹的才华也随之消逝。尽管阿基米德形形色色的成就模糊了神话与历史的边界，却向世界展示了一个通过工程学解决真实世界种种问题的思想家。

其他故事则可以肯定阿基米德利用了工程设施解决了来自真实世界的各种挑战。据说阿基米德发明了组合滑车，而且他通过单手将整只船舶拉上海岸的方式对组合滑车进行了展示。阿基米德也可能采用滑轮组设计了有史以来的第一部电梯。他还因为发明了阿基米德螺旋式

了不起的工程师

克特西比乌斯

我必须谈谈克特西比乌斯设计的提升水流的机器。

——维特鲁威，《建筑十书》

最高成就

克特西比乌斯机器
公元前3世纪
克特西比乌斯设计了一种用于抽水的压力泵。

水压风琴
公元前3世纪

水时钟
第一款自动调节性水时钟是由克特西比乌斯在公元前250年前后设计的。

上图：克特西比乌斯。

右图：克特西比乌斯的水时钟，一种采用水力驱动的精巧时钟。

2300多年前，埃及的亚历山大港是全球性的学习中心。学术、科技和工程在托勒密王朝的统治期间蓬勃发展。托勒密王朝起源于希腊，由亚历山大大帝的一位将军建立。他们建立了一座用以收集人类全部知识的大型图书馆，也建立了一座名为"博学园"的大型教研中心。博学园的首任院长便是后来成为古代世界工程学奠基人物之一的希腊发明家和数学家克特西比乌斯。

公元前3世纪，克特西比乌斯生活在亚历山大港。和其他生活在这座城市中的学者相同的是，克特西比乌斯很有可能得到了富有的托勒密二世的财政资助：这个时期的许多现存手稿都标注了对这位领主的献词。令人遗憾的是，克特西比乌斯的手稿古时便已遗失，但是我们却通过一些后来的学者的真迹了解到了他的作品。譬如，海伦·亚历山大和阿基米德，都在各自的笔录中提及了他。证据表明，克特西比乌斯撰写了一部颇具影响力的气体力学论著，描述了气体的伸缩性以及如何将压缩气体应用于诸如水泵之类的设备上。他也在流体静力学领域撰写过作品，对流体力学进行了描述，并且对这个学科的实际应用指明了方向。一些古代

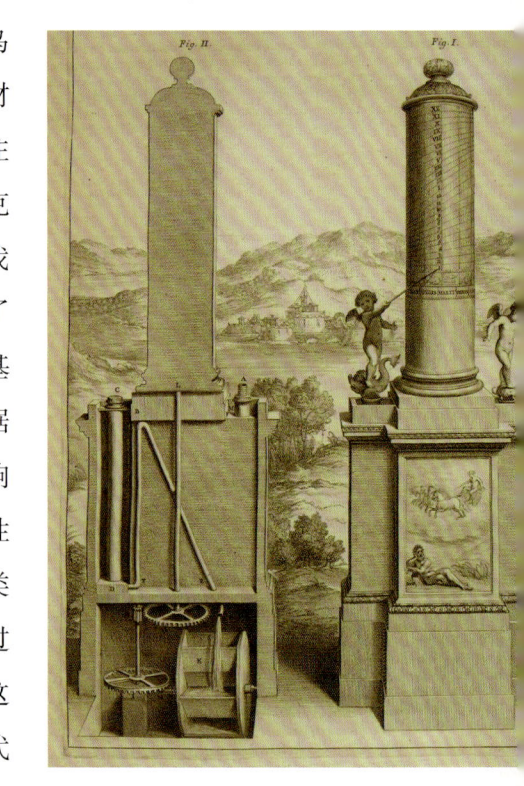

克特西比乌斯

右图：克特西比乌斯的压力泵能够将水从井中升起，也能喷射出一股水流用于灌溉、喷泉或者灭火。

作者认为，虹吸管是克特西比乌斯发明的。

有人认为，克特西比乌斯是一个理发师的儿子。有则故事讲述了，他是如何采用滑轮组和一个封装在圆筒内的铅配重块为他父亲的店铺发明一个可调高度的镜子的。显而易见的是，铅配重块的运动压缩了筒中的空气，并且发出一种乐音，这为年轻的克特西比乌斯后来的多项工程发明提供了灵感。其中用途最为广泛的发明是一种采用活塞、气缸和阀门升高水位的压力泵。罗马建筑师维特鲁威在《建筑十书》中将其描述为"克特西比乌斯机"，我们便据此拥有了罗马的压力泵源于克特西比乌斯的设计基础的考古学证据。这是古代绝无仅有的能够通过压力作用产生水流的水泵。因此，这种水泵可以供喷泉使用，但是消防系统也有可能曾经使用过。

克特西比乌斯也设计了水压风琴——现代管风琴的前身。它利用水压驱动压缩空气通过长短不一的管道，从而发出与之对应的不同音调的声音。克特西比乌斯发明的另一种依靠水力驱动的机器是水时钟——这种时钟采用滴水逐渐填充位于下方的容器从而让指向标记时刻的浮子装置升高。克特西比乌斯改良了水时钟的精度，使水流保持稳定的流速，这使水时钟成为17世纪摆钟问世之前世上最精确的计时设备。克特西比乌斯富有开创意义的理论创新和实践发明毋庸置疑地领先于他所在的时代，为后继的历代工程师们开辟了道路。

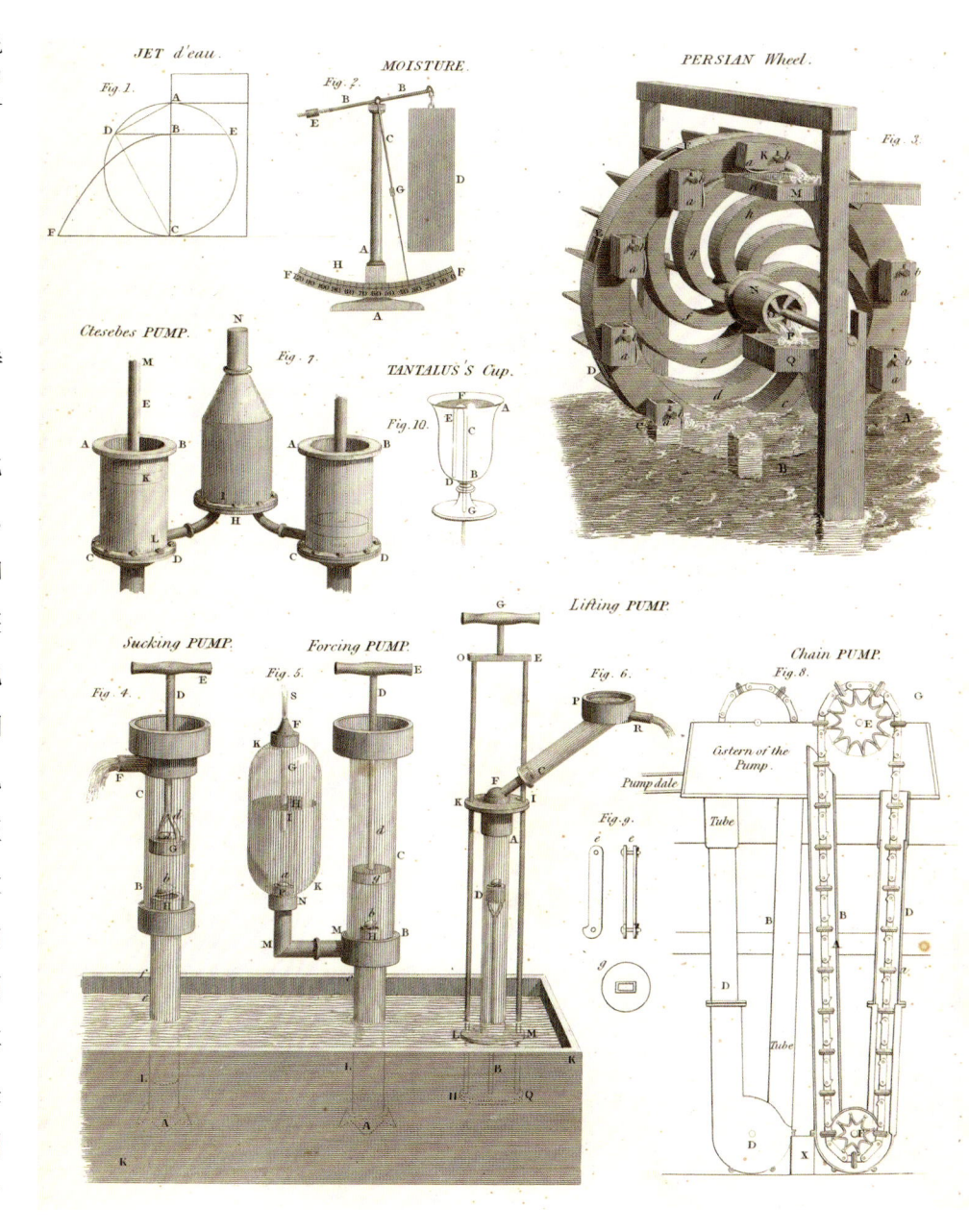

了不起的工程师

维特鲁威

> 建筑学由三部分构成：建筑艺术、钟表制造和机械制造。
>
> ——维特鲁威，《建筑十书》，第一卷

最高成就

《建筑十书》
大约公元前30—前15年
维特鲁威的手稿是一部包罗万象的罗马工程学手册，为未来几个世纪的建筑师们提供了精神动力。

法诺城的巴西利卡①
大约公元前19年
于公元前1世纪末期担任尤利乌斯·恺撒和奥古斯都大帝的总工程师和建筑师。

上图：维特鲁威将《建筑十书》献给奥古斯都。

右图：罗马投石器的复制品，该种投石器曾在阿莱西亚围城之战中被使用。

公元前1世纪，奥古斯都大帝执政期间，一个名为维特鲁威的前罗马士兵和建筑师结束了服役生涯。维特鲁威获得了一笔丰厚的退休金，这可能是由于皇帝屋大维的妹妹对其施以资助。他原本可能就此在默默无闻中度过余生，或者仅仅成为罗马历史上一个微不足道的脚注。但是这时发生了一件事：维特鲁威决定写一本书。

维特鲁威胸怀后世，想要把他在作为建筑师、军事工程师和土木工程师的漫长职业生涯中获取的知识保存下来，所以他将退休时光投入撰写建筑学专著当中。这部专著名为《建筑

---
① 译者注：巴西利卡即长方形大会堂。

右图：尤利乌斯·恺撒围攻高卢的阿莱西亚城的防御工事（阿莱西亚城在今天的法国—比利时边界处）。

十书》，以建筑学为主要论题，但是由于古时的建筑学所涵盖的领域比当今要广泛得多，所以该书收录了类别广泛的工程论题和工艺实践经验。因此，《建筑十书》针对罗马的工程为我们提供了无与伦比的见解，维特鲁威讨论了从建筑神殿、剧院和高架渠到制造钟表、攻城武器和水管等种类繁多的论题。

最终，维特鲁威的这部专著成书时共有十卷，这也是古典建筑学领域中唯一保存至今的实质性科研成果。《建筑十书》在那个时代得到了广泛刊印，尽管其中某些版本的内容不够完整或者质量不够好。最初，维特鲁威的著作是配有图例进行详述的，但是遗憾的是，这些重要的图例在岁月长河中遗失了。虽然后来他的一些读者发现维特鲁威的技术描述不够清晰，但是《建筑十书》依然被历代工程师和建筑师视为珍贵的技术资源。

《建筑十书》从古时起逐渐成为建筑领域最具影响力的书籍。这主要是因为意大利学者波焦·布拉乔利尼于1414年在一座瑞士修道院的图书馆中发现了一部《建筑十书》的善本。布拉乔利尼在其个人著作中引用了维特鲁威专著的部分内容。关于《建筑十书》原本的翻译工程便随即展开了。在这些版本的推动下，维特鲁威成为文艺复兴时期的建筑师和工程师的精神鼓励，列奥纳多·达·芬奇也位列其中。维特鲁威的理念——建筑物应该展示出稳定性、实用性和美感这三重品质——在文艺复兴时期尤为具有深远的影响力。该理念被称为维特鲁威建筑三要素，它们时至今日依然影响着当代的建筑实践。

关于维特鲁威的生活和事业的细节，史料的记载却十分有限。我们所知的信息大多是从其个人著作中收集整理成的。维特鲁威似乎是在高卢战争时期作为尤利乌斯·恺撒帐下的一名军事工程师开始他的事业的。他的职责范围大概是制造弩炮、能够抛射的投石器，以及诸如攀爬攻击堡垒时使用的攻城锤和攻城塔等各种用于攻城战的武器。在他的回忆录中，恺撒曾经提及战败方高卢的首领维钦托利将罗马的胜利归功于攻城战的军事技术，这强调了军事工程师的重要作用。关于维特鲁威后期作为建筑师和土木工程师的成就，我们所知道的仅是他在法诺建造了一座巴西利卡，但是这座长方形大会堂如今已然不复存在了。但是，他的工程学才华却完全抵得过有形的遗迹，我们幸运地继承了他这部历经了两千多年却依然被广泛阅读的专著。

了不起的工程师

亚历山大港的海伦

将锅置于火焰之上，锅内的球体将会围绕轴心旋转。

——关于蒸汽机的最初描述，源自亚历山大港的海伦的《气动力学》

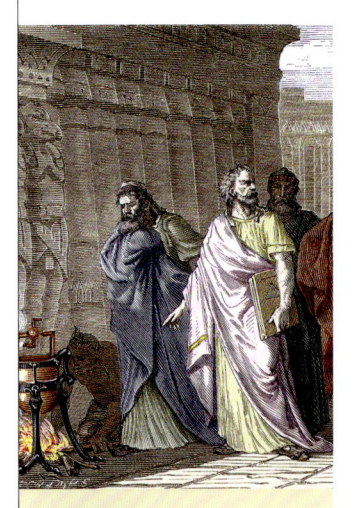

最高成就

屈光仪
公元1世纪
现代经纬仪的前身。

里程表
公元1世纪
记录行驶距离的测量装置。

《力学》
公元1世纪
一本包含诸如杠杆、滑车、齿轮和起重机等多种机器的信息的书。

《气动力学》
公元1世纪
内容涵盖了对自动化装置和其他机械设备的描述。

汽转球
公元1世纪
世上首个可以做功的蒸汽引擎。

上图：亚历山大港的海伦展示汽转球。

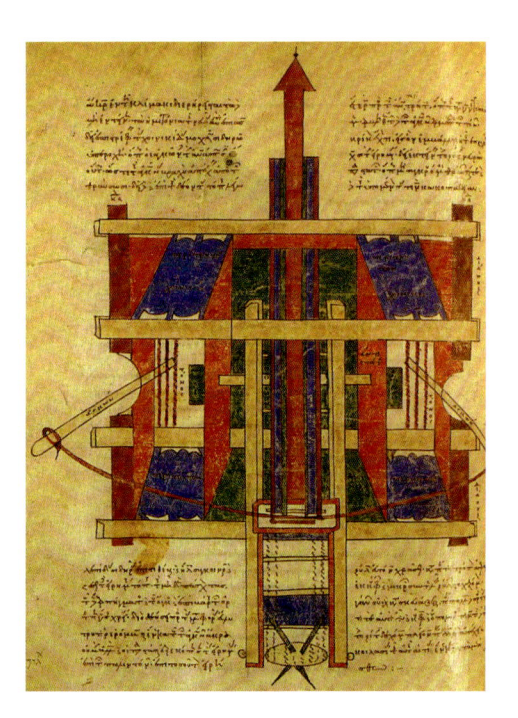

右图：一份手稿中复原的海伦大炮设计图。

公元前3世纪，埃及的亚历山大港被其希腊领主托勒密建立为学习中心。他们怀着收集全部人类知识的初衷，建立了富有传奇色彩的亚历山大图书馆，该图书馆隶属于学习综合机构博学园。公元1世纪时，亚历山大港受罗马统治，古代最伟大的工程师之一亚历山大港的海伦彼时便在此工作。

我们对亚历山大港的海伦（亦称，希罗）所知甚少。海伦出生于公元1世纪初期，可能是希腊人，也可能是接受了希腊教育的埃及人。人们认为海伦在博学园从事教育工作，因为他保存至今的作品都是以课堂笔录的形式存在的。博学园的学者们汲取了从古代埃及、巴比伦、罗马和希腊流入亚历山大港的知识。海伦的作品是在包含阿基米德和克特西比乌斯在内的诸多前辈的著作基础上建立起来的。保存至今的海伦作品并不多见，但是却足以表明他是活跃在早期工程学领域的人物之一。他的成就从应用数学领域跨越到机械工程和土木工程领域。

作为数学家，海伦的作品包含几何学和在度量、土地测量和土木工程领域中实际应用的数学。在其作品《屈光学》中，海伦为土木工程师和测量人员展示了一些关键性工具，其中包括一种名为屈光仪的光学测量仪器的改良版本。古希腊人惯于采用这种仪器进行天文观测，但是海伦的改良版设备能用于更加实际的用途，譬如土地测量。作为现代经纬仪的前身，海伦的屈光仪能够对角度、长度和高度进行远距离测量。实践上屈光仪能够用于探查沟渠的深度、河流的宽度，也能用于规划怎样在从山体两侧挖掘隧道时保证两侧的隧道可以在山体中相遇。他还描绘了一种名为里程表的机械测量装置。这种经过特殊改进的马车能够快速测量水平距离。它装有标准尺寸的罗马战车车轮，并且采用齿轮连接车轴，以此驱动一系列表盘上的指针旋转。这些指针会迅速而精确地记录行驶距离。

在另一部作品《力学》中，海伦探讨了举起重物的方法。这些方法包括杠杆、滑轮、楔子、齿轮等一系列简单机械，以及诸如起重机之类更为复杂的机械。《力学》几乎是一本可以供土木工程师使用的技术手册，而且对海伦在《屈光学》中论及的土地测量工具而言也是一种补充。我们可以推测，他的著作在罗马的土木工程师建设贯穿罗马帝国的高架渠、隧道和建筑物的过程中，都起到了无与伦比的作用。

海伦作为机械工程师的天赋在其著作《气动力学》中得到了展现。这部著作是一本记录空气、蒸汽或者水压驱动的机械设备的纲要。他研制的很多机器都是自动化装置。某些机器是作为神殿奇观设计的，譬如，可以自行开启的大门。其他机器则是为了娱乐而开发的，这其中包括一座全自动剧院。诸如此类似乎可以独立运作的机械装置，一定使彼时的观众大感惊叹吧。这些发明也预判了后来机器人的发展。事实上，海伦的发明之一便是早期机器人——一辆用于戏剧娱乐的自动推车。这辆车是缠绕在两个车轴上的弦丝连接的落体驱动的。当配重下落时，弦丝伸张，转动车轮。在车轴中可以钉入一系列钉子，以改变车轮的方向。这使得海伦的推车成为有史可考的首台可编程机器。他的机器人可以通过编程的方式启动、停止和转向，这也使得海伦成为计算机工程师的先驱！

在海伦不胜枚举的工程成就之中，最为著名的机器当属汽转球。此物在海伦的著作《气动力学》中有所记载，这也是史上对如何制造可做功蒸汽引擎首次进行详细描述。汽转球是一个中空的金属球体，就像一个放平的纺锤那样水平安装，从而使其可以自由旋转。在球体下方放置一口蒸锅，并用蒸锅对球体提供蒸汽。蒸汽在压力作用下通过两个朝向相反的弯曲喷嘴从球体里喷射出来，从而提供动力，驱动球体旋转。海伦的汽转球在一千多年之前就按照驱动工业革命的蒸汽机同样的原理工作了。

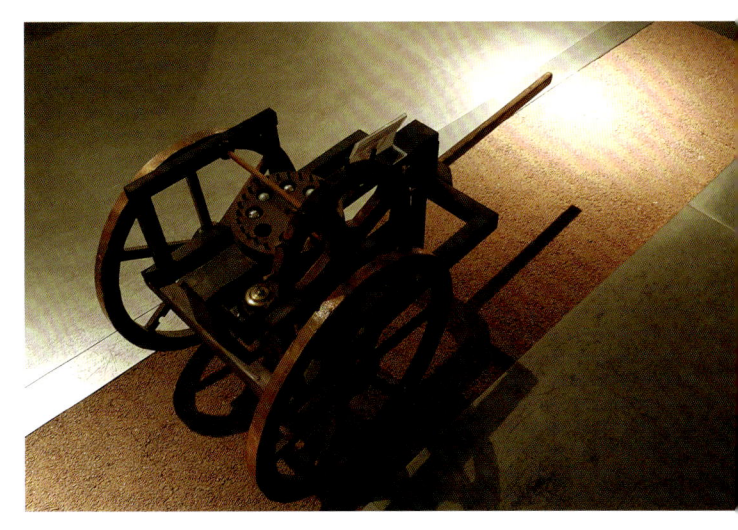

上图：海伦的里程表的复原物，这是一种能够机械性计算距离的马车。

了不起的工程师

张衡

数术穷天地，制作侔造化。高才伟艺，与神合契。

——张衡挚友崔子玉，为其所撰碑文

最高成就

水钟
公元2世纪初期

指南车
公元2世纪初期
记里鼓车
大约公元125年

浑天仪
大约公元125年
π值的估算
大约公元130年

地动仪
大约公元132年

上图：张衡。

　　和许多古代学者类似的是，中国古代的朝廷官员、天文学家和数学家张衡在包含工程学在内的许多领域中都才华横溢。古时，远在工程学成为特殊职业或者独立学科之前，工程学是学者敬献给其统治者和赞助人的诸多技术和知识之一。

　　张衡的成就横跨哲学和实践两大范畴。他是一位广富盛名的诗人和读者众多的作家。在其数学成就当中，张衡对 π 值做出了实用性估算。作为机械工程师和发明家，张衡利用液压装置和齿轮制造了创新性的科学仪器，可以测量时间，并预测天体运动。人们也公认他发明了世界上第一台地震仪。当远处发生地震时，这台仪器不仅能够做出反应，而且能够指明地壳运动发生的方向。

　　张衡于公元78年出生在中原大陆中部的河南省南阳。他出生于一个和官府及朝廷都颇有渊源的殷实家庭。少年张衡生活在公元1世纪的东汉统治时期，并接受当时的教育。彼时，国家繁荣强盛，人民安居乐业，称得上东汉的黄金盛世。汉章帝在位期间，政治局势稳定，文化蓬勃发展，思想百家争鸣。

　　少年张衡先后被送去长安城（当代的西安市）和东汉时期的都城洛阳接受教育。这是一个专门为朝廷官宦家庭建立的教育中心。洛阳位于丝绸之路的东端，这条国际贸易路线使这座城市成为文化和商业的中心。商人们带来了各种新的理念和商品，所以张衡在身处之地能够体验到最新的思想和科技。

　　结束学业后，张衡于23岁返回故里，在当地官府谋得一份行政

上图：张衡和他用于测量地震的地动仪。

职务[①]。他也在工作之余继续从事诗歌创作，并对数学和天文学进行深入研究。张衡的才能传入东汉第六位皇帝——汉安帝——的耳中。时值张衡三十出头的壮年时期，汉安帝下诏命张衡朝见，并且最终在朝堂之上赐封张衡为当朝首席天文学家[②]。朝中多有异议，使其事业受挫。但是失宠之后，他又东山再起。东汉第七位皇帝——汉顺帝——登基之后，重新下诏赐封张衡为首席天文学家。

在中国古代，天文学的功用在于制定历法、预测吉凶，所以它对时日选择和决策制定发挥着重要作用。张衡对帝国的两种计时装置做了关键性改进：名为漏壶的水时钟，和用于测算夜空中星体运动的浑天仪。

---
① 译者注：南阳郡主簿。
② 译者注：太史令。

了不起的工程师

漏壶的工作原理是水流从蓄水池缓慢滴落到下方的集水器中，集水器中置有一颗有指针的浮子，指针随着浮子的浮起显示时间。然而，随着蓄水池的水量逐渐减少，水压会逐渐降低，导致水流的流速降低，最终使水时钟运行缓慢。为了解决这个问题，张衡通过在蓄水池下方加装一个补偿容器巧妙地使水流的流速保持稳定。

张衡也对浑天仪做出了卓越的贡献。第一，他在原有浑天仪的基础上额外加装了两条圆环，从而提升了校准的精度。第二，他用他的水力工程学知识驱动浑天仪自动旋转，从而使其可以模仿夜空中可见星体的运动。张衡用一个水轮给自动运行的浑天仪设计精巧的传动装置提供动力。他大概是受到家乡南阳的铸铁厂的启发做出了这样的设计。这些铸铁厂曾经用水轮驱动体积巨大的风箱向熔炉内注入空气。张衡的设计发明引领了进一步的发展，也为后来的工程师们建造大型钟楼式浑天仪提供借鉴，公元11世纪的苏颂便是其中一例。

精密的传动装置是张衡的另一项发明指南车的基础。这是一种安装在战车上的机械指南针。它用车轮驱动的差速器去操纵一个伸出的手臂永远指向南方的人物雕像旋转。这个装置是一种古代的导航系统，尽管功能有限，但是

左图：坐落于北京天文馆院落里装饰精美的浑天仪。

左图：古代的导航仪，张衡指南车的模型。

的口中。这个迹象就表明有地震发生了，而且会指明震源的方向。

张衡将这台仪器呈献给皇上后，皇上龙颜大悦，以往昔三倍以上的俸禄封赏张衡。但此时的张衡事业的终点却近在咫尺了。7年后，张衡以61岁高龄与世长辞。这位颇令人景仰的历史人物，以其在机械领域开创的先河，鼓舞了一代又一代的工程师。张

对于为部队行军和土地测量指明方向而言却具有无法估量的价值。另一种以战车为构架的用于测量距离的装置——记里鼓车——也公认是由张衡发明的。由战车车轮驱动的齿轮让自动运行的人物雕像每隔大约500米敲一次鼓，每隔大约5千米敲一次锣。

若论张衡在工程学事业生涯中的巅峰成就，当属他发明了史上首台地震仪——地动仪。古时，中国人对地震非常重视，因为人们把地震视为神灵对人间活动表达不满的标志。正因如此，地震对皇帝有所影响。所以即使最遥远的边疆发生地震也是必须禀报皇上的大事。张衡的地动仪是一个外部镶嵌8条俯龙的重型黄铜容器。底座上的8只蟾蜍与俯龙一一对应。每条俯龙口中都衔着一颗静止的黄铜龙珠。一旦地震产生的震动触发仪器内部的中央装置，就会有一条俯龙吐出龙珠，掉落到下方的蟾蜍

上图：古代地震探测器，张衡地动仪的模型。

衡离世之后，诗人傅玄对他高度赞扬，认为他在工程学领域的才华没有得到更为广泛的应用乃为暴殄天物。

了不起的工程师

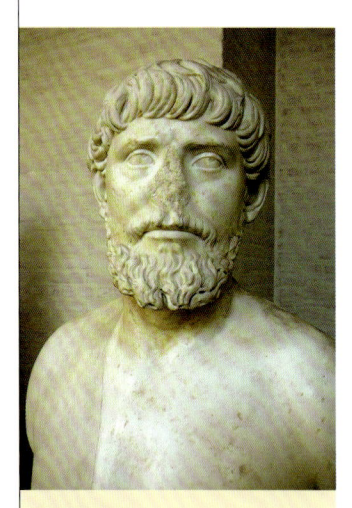

大马士革的阿波罗多洛斯

最高成就

图拉真大桥
公元105年

图拉真广场
公元112年

图拉真凯旋柱
公元113年

上图：大马士革的阿波罗多洛斯。

下图：装甲攻城器示意图。

> 罗马皇帝图拉真……似乎因为他的王国在多瑙河的隔绝之下不能无边无际地拓展疆域而心怀愤恨。他急切地渴望能够在多瑙河上架设一座桥梁，从而跨桥而过，如此便再也没有任何障碍能够阻止他攻打对岸的野蛮人了。我不会费心描述这座桥是如何建造的，而是让工程的总建筑师——大马士革的阿波罗多洛斯——去描述施工方案。
>
> ——普罗科匹厄斯，拜占庭希腊历史学家，公元6世纪

关于古代史中建造了大型城市和纪念碑的工程师的史料总是零零星星、少而又少。他们设计的某些建筑在岁月中保存下来，时至今日依旧屹立着。虽然我们能欣赏这些工程学奇观，但是遗憾的是，我们仅对少数建造这些奇观的工程师的身份有所了解。所幸的是，大马士革的阿波罗多洛斯的部分职业信息被史料保存了下来。阿波罗多洛斯作为图拉真大帝的大型公共项目工程师而闻名，他设计的项目包括罗马的城市中心的图拉真广场。他也因为在职业生涯的早期阶段担任军事工程师而被载入史册。有人认为，阿波罗多洛斯是一部名为《攻城武器》的专著的作者，这是一本讲述如何制造和使用各种攻城武器的工程学手册。

阿波罗多洛斯是公元2世纪罗马帝国权力巅峰时期的顶级工程师。这个时期的工程师是非常幸运的。相对和平与相对繁荣持续了很长一段时间，史上称此阶段为"罗马帝国统治下的和平"。罗马的皇帝们启动了雄心勃勃的建筑项目，以此作为帝国权力的象征。公共建

上图：图拉真凯旋柱上的浮雕刻绘着阿波罗多洛斯为图拉真建造的桥梁。

筑和纪念碑不仅向外界展示了罗马的权力和建筑技艺，而且向罗马民众以及整个帝国展示了帝王的公众形象。这就是他们为何需要阿波罗多洛斯等能使他们的宏伟设计成为现实的技术高超的工程师。

阿波罗多洛斯出生于大马士革——即彼时罗马帝国的叙利亚省，他大概也是在这里接受了教育。如果这种推断成立，那么他就会接触到东方世界、古代阿拉伯、罗马和希腊的文化所携带的众多思想和产生的种种影响。然而，我们仅能对阿波罗多洛斯的早期生活进行推测。他第一次出现在史料中时，已是罗马皇帝图拉真帐下的军事工程师。在罗马历次军事活动中，工程学都起到了至关重要的作用。除了刀和矛，

铁铲也是每个士兵都会配备的基本装备之一。铁铲通常被用于在部队行军过程中挖掘战壕和建造临时军营。军团士兵要听从阿波罗多洛斯等军事工程师的指挥，去执行更宏大的工程任务，譬如建造桥梁、攻城武器、道路或者永久性的防御工事。有时，这些工程任务对军事胜利来说至关重要。

当罗马皇帝对统治多瑙河以北的东欧地区的达契亚人发起第二次战争时，阿波罗多洛斯被证明是图拉真难以多得的人才。作为征战策略的一部分，图拉真命令阿波罗多洛斯建造一座横跨多瑙河的桥梁，从而使其能够迅速在对岸的敌军领土上部署军团。阿波罗多洛斯欣然领命、迎接挑战。首先，他改变了河流的流向，

了不起的工程师

以便将木桩夯进河床。并以这些木桩作为地基支撑20个空心矩形桥墩。随后他用石头和混凝土对其内部进行填充,并用长而扁平的罗马砖和水泥进行修整。当这些坚固的桥墩屹立在河床上之后,阿波罗多洛斯就将木质拱圈架设到桥墩上,然后在拱圈上铺设15米宽的橡木桥面。竣工时,桥长1135米。这是一千多年以来建造的最长的拱桥。阿波罗多洛斯指挥着从几个军团调动过来的劳动力于公元105年建成了这座桥梁。这是一个巨大的成就,并且在图拉真次年击败达契亚人的战役中发挥了重要作用。有人认为,图拉真的决定性胜利是围城战和攻陷达契亚的都城,而阿波罗多洛斯则在制造攻城武器和破坏敌军防御工事上起到了无可替代的作用。图拉真带着达契亚的金矿凯旋——他最信任的工程师阿波罗多洛斯则一路随行。

图拉真为了庆祝胜利,进行了长时间的角斗比赛。之后,图拉真便开始着手罗马的建设项目,期望以此巩固政权,并且以一种更为恒久的方式纪念他的伟大胜利。图拉真任命阿波罗多洛斯为这些由达契亚战争的战利品资助的大型工程的总工程师。阿波罗多洛斯所接手的第一项任务便是修建图拉真广场——罗马帝国的政治、经济和宗教中心。选址是一个尤为重要的工程学挑战,因为需要移除很大一部分山体。开始施工之前,工人不得不先移除数

下图:横跨多瑙河的图拉真大桥的一段仿制品。

大马士革的阿波罗多洛斯

的柱体中心，柱体外表面雕刻着长为190米的旋转饰带，刻绘着图拉真对抗达契亚人的战役。柱顶的石块刻有图拉真的雕像。这个工程需要在仅借助由人力或者畜力驱动的滑轮或者起重机的情况下将质量超过30吨的巨型大理石柱体升高到既定位置，所以施工过程中涉及的种种组织工作都是极具挑战性的。

图拉真凯旋柱是为纪念图拉真的伟大军功建造的，所以最终也变成了图拉真的葬礼纪念碑。纪念碑的基座中置有一个盛有图拉真骨灰的骨灰盒。图拉真去世之后，阿波罗多洛斯开始在哈德良帐下效力。但是有文献述及，他和新帝发生了争执，而且似乎最终遭到新帝的暗杀。

上图：一幅19世纪的画作展示了高耸在图拉真广场的遗迹之上的图拉真凯旋柱。

十万立方米的岩石和沙土。阿波罗多洛斯在图拉真广场旁边建造了图拉真市场，这是未来商场的原型。后来他又建造了大型公共浴室。

图拉真广场在公元112年前后竣工，公元113年增建的图拉真凯旋柱竣工。图拉真凯旋柱是阿波罗多洛斯的另一项工程成就。他将20根巨型大理石圆柱堆叠在一个巨大的基座上，从而建造了高30米的凯旋柱。旋转楼梯贯穿中空

阿波罗多洛斯作为古罗马的首席工程师和首席建筑师利用地标性的新建筑重塑了这座城市，并且通过翻新令世人惊叹的罗马早期建筑保存了它的历史。他为数众多的作品代表着他巨大的工程成就。阿波罗多洛斯对罗马工程的贡献增添了建筑领域的遗产，这些建筑自文艺复兴时期至今一直为后世的工程师奉献着灵感和技术见解。

了不起的工程师

加扎利

> 他是一名深谙行业之道、能力超群的工艺大师，并且因为跻身于技术联盟而深感自豪。更为珍贵的是，他是一位擅做记录的工匠大师，为我们留下了异常宝贵的工程文献。
>
> ——唐纳德·希尔，特许工程师和加扎利的作品《精巧机械装置的知识之书》的译者

最高成就

《精巧机械装置的知识之书》
公元1206年

城堡钟
公元1206年

大象钟
公元1206年

自动音乐机
公元1206年

上图：加扎利。

《精巧机械装置的知识之书》的残卷散落在全世界的学术图书馆中和私人收藏集里。其原作是由一位名为加扎利的伊斯兰学者兼机械工程师在公元13世纪之初撰写的。原作包含了怎样建造50种机械设备的细节信息。这些机器是加扎利在为上美索不达米亚的皇室家庭效力时设计的。上美索不达米亚包含了当今伊拉克的大部分地区和叙利亚及土耳其的部分地区。加扎利的机械发明品类广泛，从实用的提水机和各式钟表到工艺精巧的葡萄酒分酒器和自动音乐机。

我们对加扎利生活的了解都源自他作品的序言提及的少许细节。他的名字是参照他的出生地的地名——加扎利——拟定的。加扎利在上美索不达米亚三个省份的最北端。这片土地肥沃、经济繁荣的地区位于底格里斯河和幼发拉底河之间。彼时，这片土地受阿拔斯·哈里发统治，是庞大的伊斯兰帝国的一部分。阿拔斯王朝支持学习和研究、建立图书馆，并且鼓励希腊文、波斯文、印度语和汉语文本的翻译。这使伊斯兰的学者们能够接触到广泛的文化传统和学科思想。

当加扎利受命撰写此书时，他正在上美索不达米亚的迪亚巴克王的麾下服役。那时，他已经任职宫廷工程师长达25年了。加扎利的工作生涯处于伊斯兰黄金时代鼎盛时期的长期和平阶段。图书馆繁荣

下图：加扎利的设计作品之一——水时钟。顶部的人物是一个指向时钟的自动机器人。

了不起的工程师

左图：加扎利的大象钟。

右图：摘自加扎利的作品《精巧机械装置的知识之书》的城堡钟。

兴旺，慕名来到学术中心的学者络绎不绝。学术颇受尊崇，著书立说同样受到尊敬。国王授命加扎利从他所发明的机器中择选部分编撰成书，从而保证他这位总工程师的知识不会随着肉身的离世而消亡。事实上，公元1206年加扎利完成了书籍的编撰任务的数月之后便与世长辞。

在编撰此书之前，加扎利首先对早期文本进行了研究，从而将其中的知识精华收入自己的作品之中。文本的可能来源包括，一位著名的自动机械制造师、亚历山大港的希腊工程师海伦以及一位水时钟专家——其作品的作者在当时被公认为阿基米德。令加扎利密切关注的大概也包括巴努·穆萨兄弟——三位在四个世纪前为上百件精巧机器撰写了一本摘要的波斯学者。

加扎利的研究并非对这些早期文本不做批判地全盘皆收。因为加扎利经常发现他们的说明不够完整，或者描述的机器因为缺少技术严谨性而难以在实际中生产制造。加扎利是一名身体力行的工程师，他勤勉地解决先前文本的弊端，进行技术改进，并且确保他的描述对未来的工程师们而言清晰易懂。加扎利严谨的作风使其作品在当时广受欢迎，并自那时起便对后世的工程历史学家具有恒久的价值。

加扎利在其作品中描述的某些设备，初看起来仿佛是专门用于取悦国王及其宾客而设计的毫无意义的新奇物件，但是在对自动音乐机和葡萄酒分酒器这两件器物的详细描述中呈现出来一种清晰的工程学方法论。加扎利的作品是一本实用手册，对制造每种机器都有分步说明。

在这些设计之中，许多创新都远远领先于其所在时代。加扎利设计的城堡钟用一个早期的凸轮轴将旋转运动转化成上下运动。这种凸轮轴和他描述的水泵中的早期曲柄轴将会继续发展成为汽车引擎的一个重要特征。有人认为，城堡钟是一台早期机械计算机。无独有偶，某些带有机械鼓手和歌唱鸟儿的自动音乐机也是可编程的，预示了后来的机器人和计算机的发展。

加扎利采用工程师绝无仅有的清晰视角撰写了《精巧机械装置的知识之书》这本著作，书的内容涵盖了各种材料的信息和制作工艺。他对提供最为全面的细节所持有的坚忍不拔的承诺使他为设计的机器绘制了许多小型图解。正是这些彩图，以及与之对应的文本，为我们提供了栩栩如生的视窗，让我们看到了中世纪时期阿拉伯世界的工程学成就。

الجامات بالضوء وهذه صورة ما وصفته واضحة

了不起的工程师

菲利波·布鲁内莱斯基

无论是这座著名教堂的雄伟穹顶，还是由建筑师菲利波发明的诸多其他装置，都见证了他超群的技艺。

——菲利波·布鲁内莱斯基的墓志铭，取自佛罗伦萨的圣母百花大教堂

最高成就

巴达隆
一艘用于运输大理石的船，公元1427年

圣母百花大教堂的穹顶
佛罗伦萨，公元1436年

孤儿院
佛罗伦萨，公元1419—1445年

圣劳伦斯大教堂
佛罗伦萨，竣工于公元1442年

圣灵大教堂
佛罗伦萨，公元1434—1446年。教堂的正面竣工于1482年，彼时布鲁内莱斯基已经去世多年。

上图：菲利波·布鲁内莱斯基。

中世纪时期，伊斯兰黄金时代保存下来并且得到研究的古代希腊和罗马作家的作品开始流入欧洲。这种古典知识的复苏起源于意大利，并最终推动了文艺复兴：一个发生在15世纪和16世纪的社会变革，当时艺术创造力和技术水平显著提升。古时，艺术和科技之间并没有明确的分野。文艺复兴时期，伴随着博学者们层出不穷的成就，艺术、科技、建筑和工程的交织达到了新的高度，佛罗伦萨建筑师兼工程师菲利波·布鲁内莱斯基便是其中一名多才多艺的人物。他的巅峰成就是佛罗伦萨圣母百花大教堂的穹顶，这座建筑彰显了工程学、建筑学和艺术的统一。

我们对布鲁内莱斯基的早期生活所知甚少。他于公元1377年出生在意大利城市佛罗伦萨。虽然他出身富贵，并接受过良好的教育，但是他并没有子承父业地选择律师作为职业，而是在青年时期便进入佛罗伦萨的丝绸商人协会做了学徒。该商会作为佛罗伦萨市七大商会之一，提供了包含艺术和手工等各式各样学科的培训课程，其中包括金属加工、青铜雕刻和珠宝制造。

如果一位早期传记作家的笔录可信的话，那么我们就可以认为，布鲁内莱斯基在职业生涯的早期阶段也在建筑、铜器雕刻和钟表制造等领域工作过。1401年，布鲁内莱斯基竞选为佛罗伦萨圣乔瓦尼洗礼堂设计铜质门板。他以第二的成绩落选，仅次于竞争对手——金匠

上图：布鲁内莱斯基所设计的巨大穹顶架设在位于佛罗伦萨的圣母百花大教堂上。

兼艺术家，洛伦佐·吉贝尔蒂。那位传记作家述及，布鲁内莱斯基出于落选的不悦，决定随艺术家多纳泰罗游历至罗马，并且通过对古典建筑学的集中学习摆脱自尊心受到伤害的烦忧。然而，尽管布鲁内莱斯基仅获得了亚军，但是这场竞赛仍为他赢得了知名度和赞助商的关注。

公元1415年，布鲁内莱斯基对视觉艺术做出了一项重要贡献，即重新发现了线条透视技法：一种能够使艺术家令人信服地在平面上处理三维物体的绘画方法。这种技法对许多文艺复兴时期的艺术家都有影响，但是这种技法的另一种用途是，布鲁内莱斯基得以让客户和工人都能理解他的工程及建筑计划。但是令人惋惜的是，在岁月的流逝中布鲁内莱斯基本人的画作都没能保留下来，这大概是为了保护自己的设计和技术免受竞争对手及其工作室窥窃。

公元1418年，布鲁内莱斯基参加了另一个公共竞赛。这次竞赛的内容是一个更加庞大而且

了不起的工程师

菲利波·布鲁内莱斯基

左图：布鲁内莱斯基的穹顶设计方案的截面示意图。

右图：布鲁内莱斯基的旋转起重机示意图。

更受关注的任务：为历经了一个多世纪的建筑工期，现在几近完工的圣母百花大教堂建造一个穹顶。为教堂巨大的八角形东塔建造穹顶的挑战已经使前期历位建筑师深感棘手了。布鲁内莱斯基再次与吉贝尔蒂交锋，但是这次，在1420年他以采用红砖为原料建造双壳式穹顶的方案赢得了这份顶级工作。布鲁内莱斯基的方案既精巧独特又成本低廉，避免了建筑过程中使用巨大的木质框架支持穹顶的不便。取而代之的是，他构思了一种方法，将四百万块红砖以锯齿形嵌入石质梁柱之间，从而实现自体支撑的效果。他也设计并且制造了一系列牛力驱动的高机动性升降机和旋转起重机，并将其置于建筑场地中心。一些专家估计，这些器械每天能够将大约13000吨红砖和大理石运输至穹顶。

布鲁内莱斯基在成功建造穹顶的过程中，将创新的工程解决方案、细致入微的设计规划和详细周到的项目管理统一起来。他仅用了15年时间就将穹顶从距离地面54米的基座搭建到33米外的顶部环形开口处。布鲁内莱斯基精通建造穹顶所需的全部复杂管理工作以及技术挑战，这是许多人视其为世界上第一位现代工程师的根本原因。另外，在建设穹顶的过程中，布鲁内莱斯基也同时兼顾了许多其他建筑和工程项目。他的首个建筑委托项目是在1419年接手的佛罗伦萨孤儿院的设计工作。圣劳伦斯大教堂和圣灵大教堂的委托项目随后而至，使其因工程天资和艺术才华而鹊起的声名锦上添花。

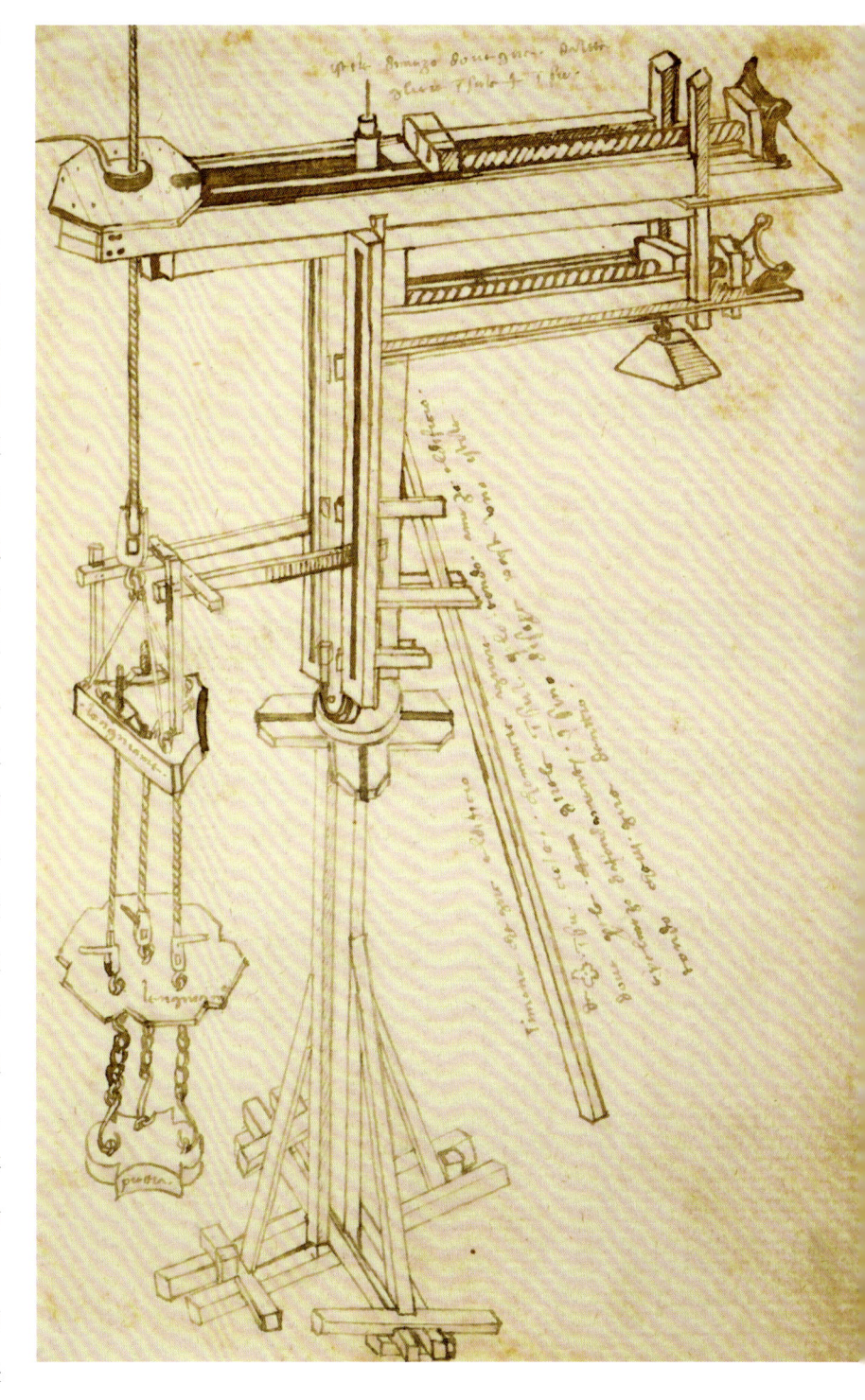

34

除了建筑项目，布鲁内莱斯基作为机械工程师的技能也在其他领域找到了出口。1425年，他因为设计了一艘有起重功能的船只，可以将卡拉拉的大理石板运输至佛罗伦萨。他因此被授予公认的史上首个工程学专利。他的起重机设计方案大概得益于从钟表制造行业学习到的传动装置知识。令人扼腕的是，布鲁内莱斯基设计的名为巴达隆的运输船在首次航行时沉没在亚诺河中，而且有人认为，船上装载的100吨大理石也随之沉没。开拓性的工程学意味着布鲁内莱斯基的职业生涯免不了有很多失败的情况。1428年，当布鲁内莱斯基作为军事工程师辅助佛罗伦萨与邻近的卢卡开战时，发生了另一件事。布鲁内莱斯基的设想是，通过改变围绕在卢卡城周围的塞尔奇奥河的流向困住卢卡城，结果计划却适得其反地淹了佛罗伦萨营地。

圣母百花大教堂的穹顶竣工于1436年。这座教堂的穹顶高出地面近90米，使用约37000吨的砖石建造而成，既肯定了布鲁内莱斯基的双壳式设计方案，也证明了他承重计算的准确性。布鲁内莱斯基必须再与吉贝尔蒂竞争一次，以角逐挂在穹顶的灯饰的设计方案。令人遗憾的是，布鲁内莱斯基的灯饰建筑工程刚刚启动，他便于1446年辞世。

1471年，艺术家兼工程师安德烈·德尔·韦罗基奥在布鲁内莱斯基所设计的灯饰顶端安装了一颗镀金铜球。他带来一位对布鲁内莱斯基的起重机械着迷的年轻学徒，这个学徒将这些机械的工作原理图绘制了出来。这个学徒便是列奥纳多·达·芬奇。他将会成为深受菲利波·布鲁内莱斯基的开创性作品鼓舞的众多艺术家兼工程师之一。

左图：布鲁内莱斯基的巨型运输船巴达隆的模型。

马里亚诺·迪·雅克布（塔科拉）

最高成就

《发动机》1433年
塔科拉首部将艺术理念和实际工程方案融为一体的书籍。

《机械》1449年
塔科拉在其早期作品的基础上进行了拓展，著成此书。此书帮助他获得了彼时最伟大的工程师之一的美誉。

> 独创性比水牛的力量更有价值。
> ——马里亚诺·迪·雅克布（塔科拉）撰写的作品《机械》

直到不久前，文艺复兴时期的艺术和文学的井喷都遮蔽了这一时期技术成就的光辉。如今，人们更加普遍地认为，许多在绘画和雕刻领域创作出不朽杰作的天才也在建筑和工程领域创造出了令人印象深刻的成就。某些评论家将这股平行的技术发展称为"机械复兴"，并且将多才能的艺术工程师的崛起描述为"机械复兴"的驱动力。

以其艺名"塔科拉"（乌鸦）而被人熟知的马里亚诺·迪·雅克布，便是身兼艺术家和创新工程师的双重身份的"混血"文艺复兴天才之一。和同一时代的年龄稍长的布鲁内莱斯基相同的是，塔科拉推动了从中世纪向文艺复兴发展的历史进程。尽管塔科拉从事现实世界的工程项目，但是他的两部配有详细图解的专著——《发动机》和《机械》——似乎才是他真正的遗产。实用工程方案和更具幻想性的奇思异想以混合性插图的方式贯穿这四卷书的始终。由于塔科拉钢笔书法卓著、墨水绘画超群，他所有的才思都是一笔成文、清晰易懂的。这些文本代表了艺术家和工程师的真正融合。这些作品为塔科拉赢得了荣光，也将这荣光馈赠给了他的故乡锡耶纳和赞

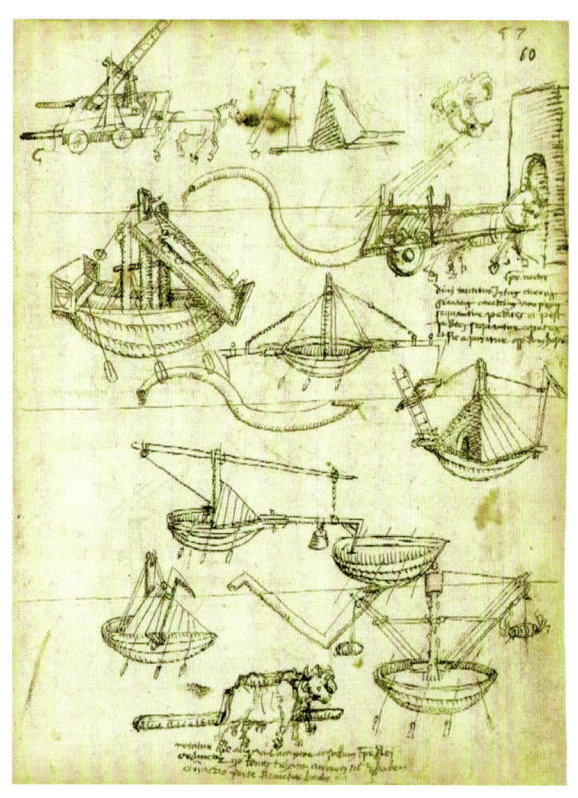

上图：带有塔科拉绘制的各种船只和机械的错综复杂技术图案的手稿样张。

马里亚诺·迪·雅克布（塔科拉）

下图：塔科拉设计的采用人力和两个巨型风箱驱动的水泵。

助方。

塔科拉于公元1382年在意大利城市锡耶纳出生。我们对他的童年和教育情况都知之不多。我们只知道，塔科拉在少年时代进入雕刻师雅克布·德拉·奎尔恰的工坊接受培训。这一定是他学习绘画和学习如何使用石头雕刻作品的地方。1408年，塔科拉受聘作为雕刻师在锡耶纳大教堂的唱经楼工作。他的事业在随后一段时间内较为多元化，因为塔科拉在锡耶纳的一流学术机构"智慧之屋"的行政部门就任了一份职务，随后又作为公证员工作了一段时间。但是塔科拉从未间断对知识的汲取，也不断吸收流入锡耶纳的新颖理念。

塔科拉逐渐变得对机械着迷起来，这大概是由于他曾经阅读过各种各样的经典科技文本或者后来随着旅居锡耶纳的学者们流入的伊斯兰机械作品的缘故。作为锡耶纳一些建筑项目的工程师，他将逐渐积累的机械知识融入实践。

上图：位于锡耶纳马路下面的名为"博蒂尼"的地下水管网络。

锡耶纳作为锡耶纳共和国①的中心城市在此期间迅速发展。锡耶纳所拥有的财富可以资助一系列市政工程，它需要诸如塔科拉和不久之后的弗朗西斯科·迪·乔治等工程师的专业知识。这些工程师不仅能够帮助锡耶纳维持和扩展基础设施，而且能够通过建造堡垒和制造新式战争机器和武器的方式帮助锡耶纳防御敌对势力。

锡耶纳丰富的矿产资源有利于发展中的工业。但是在保持充足的水资源供应方面却存在很大问题。早期的工程师通过建造一个名为"博蒂尼"的25千米长的精巧地下水管网络系统解决这个问题。然而，这个系统需要由技术高超的工程师进行维修，才能使水流和城市喷泉保持畅通。水在锡耶纳有举足轻重的作用，因此塔科拉选择水力学作为工程专业就不足为奇了。他对这个领域的兴趣可以在他的作品中得到清晰的印证。作品述及了诸多水管理设备，其中包括帮助磨坊控制水流的虹吸管、螺旋泵和闸门。当匈牙利未来的皇帝西吉斯蒙德于1432年来访时，塔科拉以水力工程师和画家的双重身份进行了自我推销。最终，西吉斯蒙德成为他的赞助人。塔科拉似乎从不对他的才华遮遮掩掩。他在其作品《机械》的开篇甚至自称为"锡耶纳的阿基米德"！

诸如监管道路建设之类的日常工程工作成为塔科拉事业的一部分，但是他只有在书籍上才能将其绝无仅有的艺术创造力和技术知识的结合自由地表现出来。他在生命接近尾声时将其在漫长的职业生涯中积累的充满思想的笔录编撰成了两本著作——《发动机》和《机械》。这两本书中有很多经过检验的想法，但更多的是推断性的思想。书中既有以数学为基础的诸

---

① 译者注：锡耶纳共和国的国家存在期为公元1125—1555年。

如位置测量或者从山体两侧分别开凿隧道以便在山体内部交汇的优良施工方法,也有诸如抛石器等实用武器设计。书中也记录了一些天马行空的创意,例如,以滑轮作为基本构件的复杂钓鱼器械,或者利用充气皮囊助负重骑兵渡河的不切实际的想法。

塔科拉的著作《发动机》的终章收录了年轻的锡耶纳工程师弗朗西斯科·迪·乔治的笔记和画作。塔科拉于1453年离世,迪·乔治继续以类似于塔科拉的文本和图解的整合形式传播工程学理念。弗朗西斯科在建筑领域的专著在不久之后影响了顶级艺术工程师:列奥纳多·达·芬奇。

下图:在塔科拉设计的起重机中,可以清晰地看到一系列处于工作状态的杠杆和滑轮。

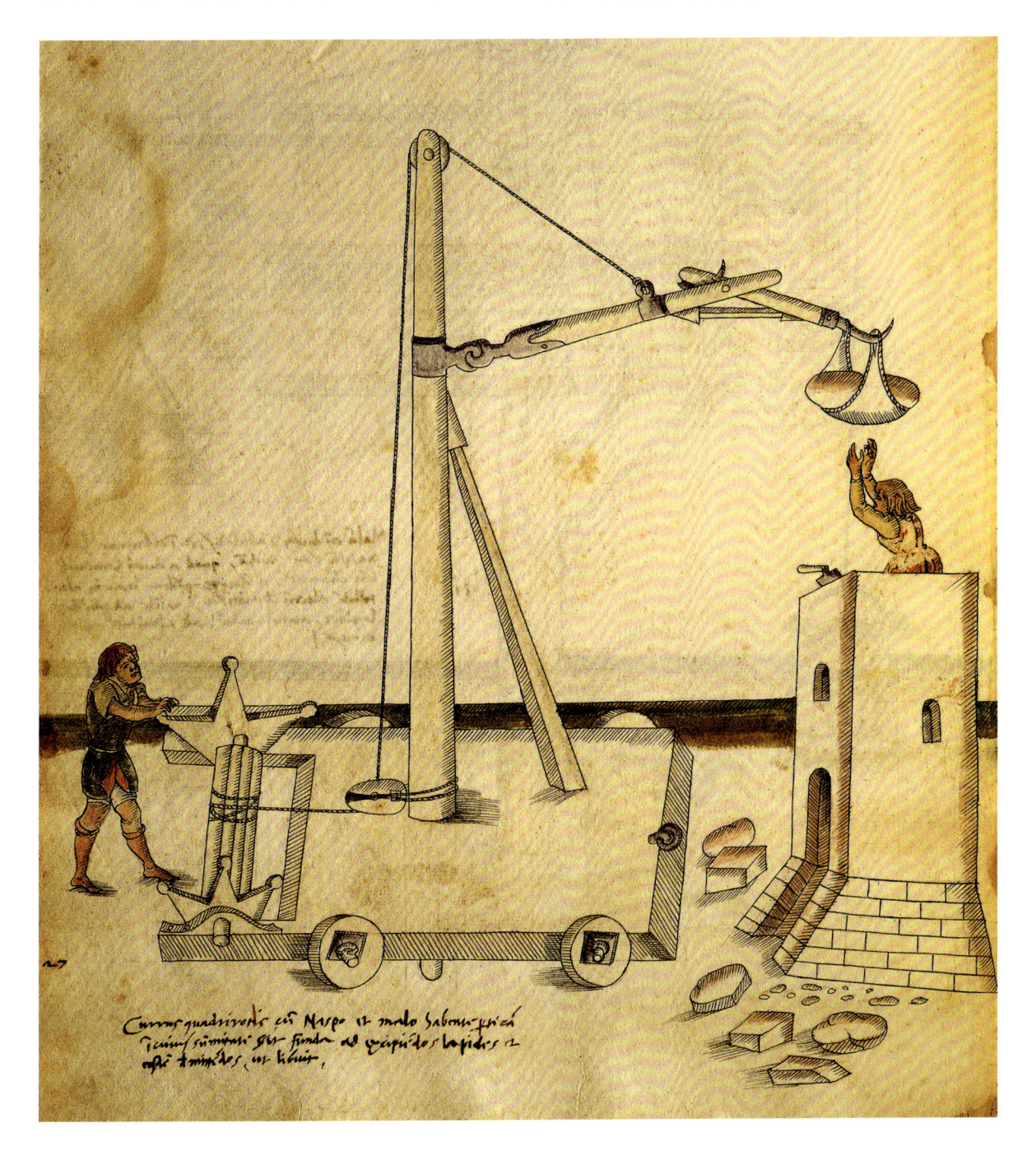

了不起的工程师

列奥纳多·达·芬奇

> 尽管人类能以创造力设计出各种各样的新发明，却永远无法创造出比自然界更加美丽、更加简洁、更加直接的发明……
>
> ——列奥纳多·达·芬奇，《温莎古抄本》

达·芬奇大概是文艺复兴时期最著名的艺术家：一个因为《蒙娜·丽莎》和《最后的晚餐》等家喻户晓的画作而被世人铭记的艺术家。然而，艺术仅是达·芬奇横跨科技、解剖学、数学、建筑学和工程学的诸多才华之一。达·芬奇本人大概没有感受到这些学科的知识和技能之间存在鸿沟，而是认为这所有一切都通过观察和实验的方式包含在受人文主义影响的自然研究之中。

科技和数学为达·芬奇的艺术夯实了基础，帮助他应对种种技术挑战。譬如，如何铸造巨型青铜骑士雕像，或者如何采用精妙的视角创作出高悬在意大利米兰圣玛利亚感恩教堂宴会厅墙壁上的画作《最后的晚餐》。他的绘画技巧以一种互惠的方式让达·芬奇既能在视觉层面记录科学的观察和理念，也能创作具体的工程和建筑设计。

和塔科拉及迪·乔治如出一辙的是，达·芬奇是一名拥有技术知识和创作技能的艺术工程师，这使他能够通过纸张进行思考、设计和创造。大约7000张采用"镜像文字"完成的插图笔录在岁月中保存了下来。这些原本是他在工作时随手记录文字和图画所使用的活页纸张。他可能使用过其中一些纸张向富裕的赞助人推销自己的理念。其他纸张则记录了他观察到的情况或者科学研究的结果。后来，这些活页手稿被编辑成册。如今，它们已然成为科学理念和发明的宝藏，清晰地展示出工程学在达·芬奇的事业中占据着多么核心的地位。

最高成就

格兰·卡瓦洛
列奥纳多·达·芬奇从1482年开始创作斯福尔扎纪念碑（Sforza monument），当意大利和法国于1494年开战之后被迫放弃了这个项目。

飞行器设计
大约，1488—1489年

《维特鲁威人》
大约，1490年
这个经典的分析研究仅代表达·芬奇的诸多兴趣之一。

《最后的晚餐》
大约，15世纪90年代

《蒙娜·丽莎》
大约，1516年

上图：列奥纳多·达·芬奇的肖像。

上图：悬挂在米兰圣玛利亚感恩教堂宴会厅里的列奥纳多·达·芬奇的画作《最后的晚餐》。

达·芬奇于1452年出生在意大利中部托斯卡纳群山环抱的芬奇小镇。他是佛罗伦萨的公证员皮耶罗·达·芬奇和来自贫困农民家庭的年轻女子卡特琳娜·里皮的私生子。幼年时代，他由母亲在乡下的农场上抚养度日。5岁左右时，他被领到芬奇小镇上的祖居与叔叔和祖父母一起生活。然而，由于达·芬奇并非合法继承人，所以他没有接受死记硬背经典文本的正规教育。讽刺的是，这似乎反而对培育少年时代的达·芬奇形成自由思维和自主意识有所帮助。后来，他自称为"文盲"，不依靠书籍传授的智慧，而是通过观测和推理，预言了伽利略的重大发现。[1]

继母去世后，达·芬奇投奔了生活在佛罗伦萨的父亲。14岁时，他的父亲在佛罗伦萨著名艺术家安德烈·德尔·韦罗基奥的工作室里为他找到了一份学徒工作。韦罗基奥的主要职业是雕塑家，同时也在画家和金匠的领域有所

[1] 译者注：达·芬奇一生中有多项超越时代的重大贡献，也预言了很多后世的重大发现，其中之一是比伽利略早数十年绘制月球地貌。

了不起的工程师

左图：达·芬奇设计的巨型石弩大概会给他的委托人留下深刻的印象。

获得了第一手实用经验。他辅助韦罗基奥在布鲁内莱斯基建造的圣母百花大教堂的穹顶上安装一个金球。在教堂的工作场地上，达·芬奇痴迷地研究了建筑穹顶使用的机械。达·芬奇对布鲁内莱斯基为提升材料至穹顶而设计的旋转起重机和类似于当今的电梯式的升降机勾勒了素描图，并把这些素描图保存在笔记本中。当达·芬奇获得了资质并且开始承接个人委托项目之后，他继续和韦罗基奥合作。他也数次因为创作了半成品便另做他事而成名，这大概是由于诸多兴趣分散了他的注意力。

1482年，时值30岁的达·芬奇被洛伦佐·美第奇从佛罗伦萨送往米兰。作为外交使命的一部分，达·芬奇此行的目的是为米兰公爵呈献一把专门为其制作的银质里拉琴，希望以此平息两个城邦国家之间的冲突。达·芬奇抓住时机，自荐为卢多维科·斯福尔扎的军事工程师，斯福尔扎不久后便取代他的父亲成为米兰公爵。达·芬奇给斯福尔扎写了一封信，详述了他能为军事活动提供的工程技术如建造桥梁和挖掘隧道等。他继续列举了他能够制造的多种武器，其中包括装甲车、大炮和其他攻城武器。在信的结尾，达·芬奇列举了自己和平时期能够用到的如土木建筑和水利工程等方面的能力。而关于艺术领域的才能，他仅在事后一笔带过！

卢多维科深受感动，达·芬奇得到了这份工作。彼时，艺术工程师在意大利的地位达到了史无前例的巅峰。富贵家族的赞助人和遥远疆域的领主争先恐后地网罗人才并封官朝野。虽然达·芬奇的多数军事发明永远都不会投产，

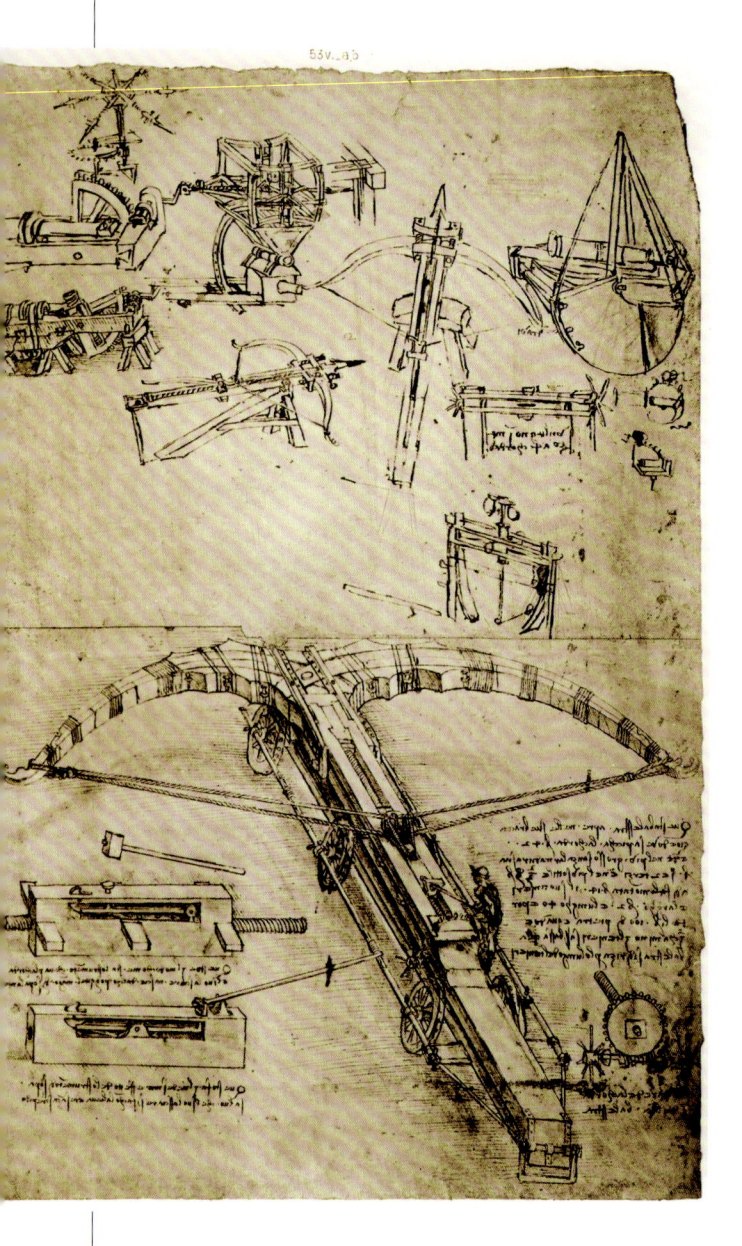

耕耘。韦罗基奥的工作室总是异常忙碌，需要处理纷繁复杂的委托项目，达·芬奇大概也是在此期间掌握了从素描、雕塑和油画到金属加工、金器铸造、机械工程、化学和木工等门类广泛的知识和技能。

在韦罗基奥的指导下，学徒工达·芬奇绽放出了夺目的艺术光华。一份著名的史料述及，达·芬奇曾经受命为韦罗基奥的画作填笔一个天使，结果达·芬奇精妙绝伦地完成了这个任务，以至于韦罗基奥几乎任由达·芬奇接手这幅画作的后续部分。达·芬奇也在工程学领域

列奥纳多·达·芬奇

上图:卢多维科·斯福尔扎。

下图:达·芬奇为机械化战争设计的机器,包括一辆带有旋转刀片的战车和一个(攻城武器的)车辆原型。

但是他却为宫廷的娱乐提供了别具一格的效果。他也接到委托,创作一尊卢多维科·斯福尔扎的父亲骑在马背上的巨型青铜雕像。达·芬奇花费了数年时间去解决铸造如此巨大的雕像所面临的技术挑战。达·芬奇迟迟未能完成这项委托任务,使其受到了对手米开朗基罗的嘲笑与鄙视。事实上,达·芬奇已经制作了一个巨大的黏土模型,将其命名为"格兰·卡瓦洛",并且购置了大约70吨青铜,准备用于浇铸。天有不测风云,变故使这个项目被迫停工了。意法冲突让达·芬奇决定将这批青铜捐赠出去制造大炮,以抗击查理八世的武装力量。不久之后,法军攻陷米兰,达·芬奇被迫逃往威尼斯,遗弃了巨大的"格兰·卡瓦洛"黏土模型。随后,这尊模型变成了攻城法军的练习靶。

达·芬奇逃出米兰之后便四处周游,一边吸收新的知识,一边作为军事工程师和土木工

了不起的工程师

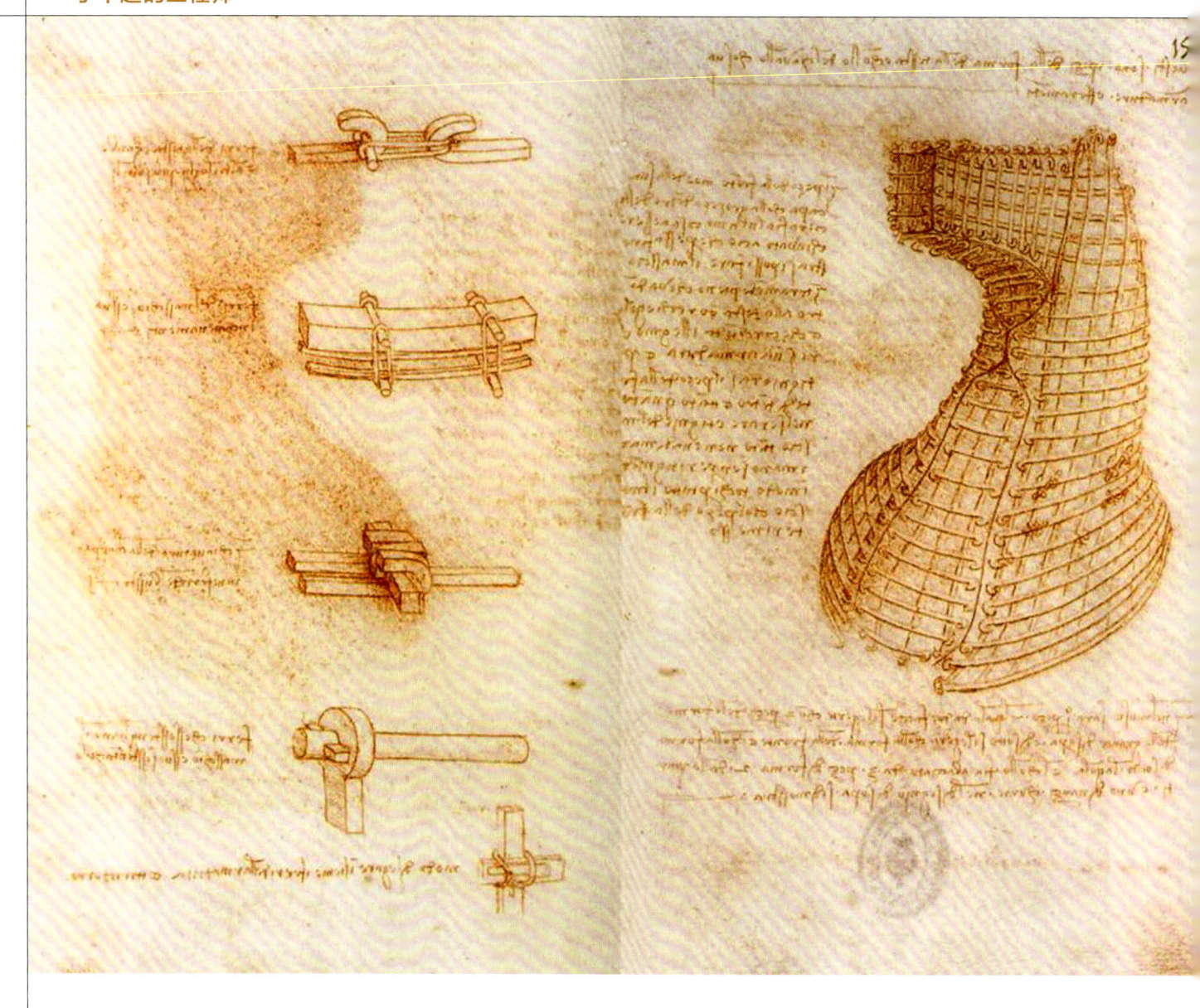

程师为威尼斯、曼图亚、佛罗伦萨和罗马等地的强大领主效力。他甚至于1506年应法国统领的邀请回到米兰并做短暂逗留。达·芬奇逐渐专注于自己的研究和兴趣，并将其用笔记本的一页页纸张满满地记录下来，从细致入微的人体结构解剖图，到各种类型的螺旋机械的研究，甚至包括令人难以置信的超越时代的种种发明。

1513年，61岁的达·芬奇受教皇利奥十世邀请移居罗马的梵蒂冈，并且在此见到了一位欣赏他作品的重量级艺术赞助人——法国国王弗朗索瓦一世。弗朗索瓦一世授予已然年近古稀的艺术工程师一个宫廷职位。于是达·芬奇

左图：达·芬奇为浇铸（格兰·卡瓦洛）设计的模具草图。

右图：达·芬奇设计的扑翼飞行机器。

再次移居，住进了法国克洛吕斯的皇家城堡。达·芬奇获赠一笔养老金，并且拥有随其所愿进行创作的自由权。1519年，达·芬奇在城堡中与世长辞，相传他是在国王的怀抱中离世的。他留下了生前随身携带的未竟之作《蒙娜·丽莎》肖像画，以及数千页的笔记。尽管达·芬奇从理想城到飞行机器的许多方案永远都将停留在素描图的阶段，但是他永无止境的创造力仍然鼓舞着当今的工程师。

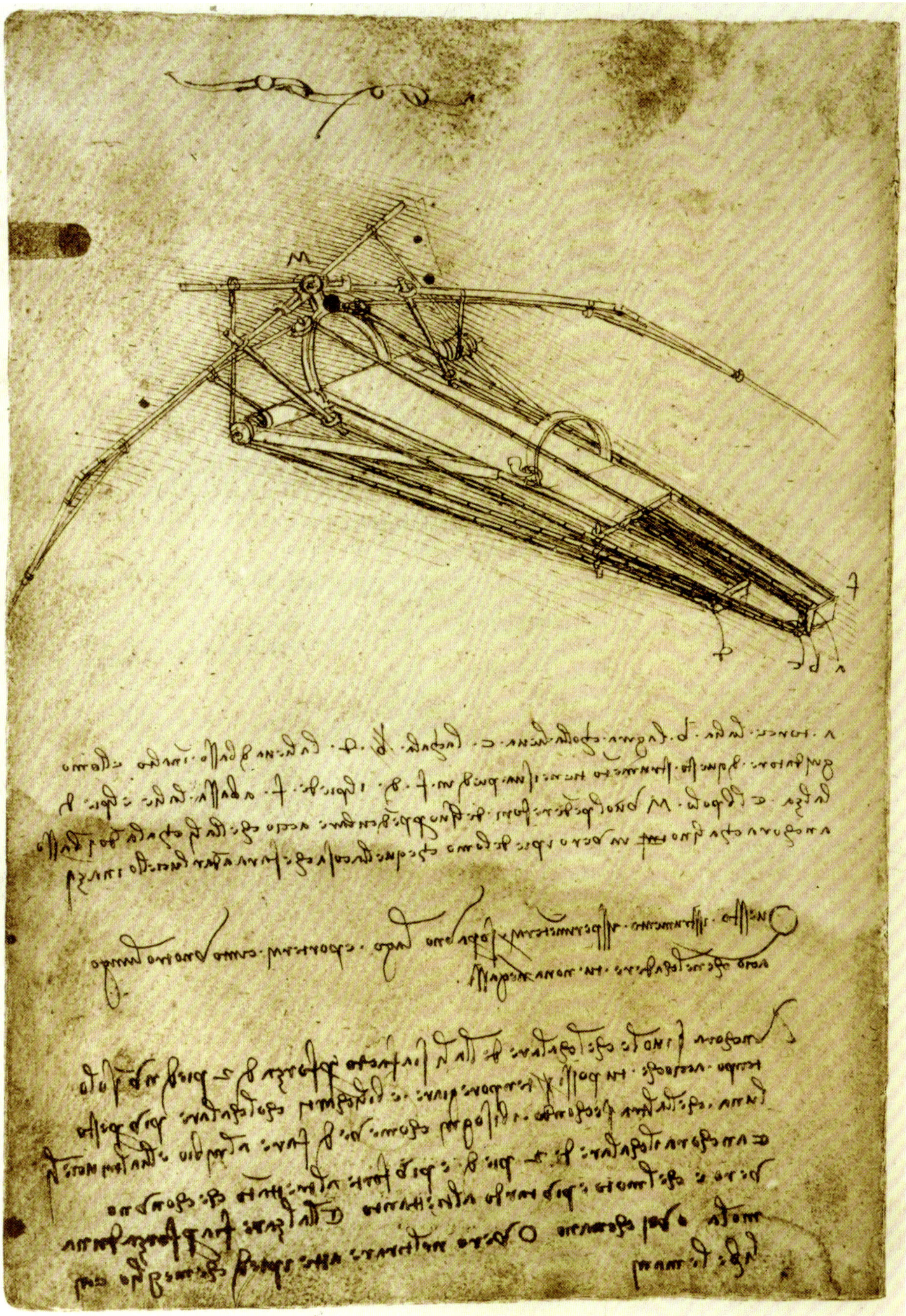

了不起的工程师

科尼利斯·德雷贝尔

> 我称为立式望远镜的设备，不只出自他的双手，也诞生于他那不可思议的头脑。即使德雷贝尔一生之中除了这只神奇的管子之外再无其他发明，他也一定能够流芳百世。
>
> ——康斯坦丁·惠更斯就德雷贝尔的显微镜发表的感慨

最高成就

"永动"钟表
1598年

复式显微镜
17世纪初期

桨动力潜艇
1620年

德雷贝尔循环烤炉
17世纪20年代
这种自动调节的烤炉内嵌了早期版本的恒温调节器。

上图：科尼利斯·德雷贝尔。

荷兰发明家兼工程师科尼利斯·德雷贝尔主要因为建造了世上首个可运行潜艇而深受世人铭记。然而，这项震撼人心的技术造诣却遮蔽了他在水力学、化学工程、反馈控制机制和光学等工程学领域的其他贡献。随着科技革新的焦点从意大利转移到北欧，他的职业生涯从文艺复兴跨越到所谓的"理性时代"。这是一个充满探索和帝国扩张的时代，德雷贝尔等工程师拥有的技术供不应求。

德雷贝尔于1572年在荷兰的阿尔克马尔出生。在接受了经典教育后，德雷贝尔成为一名雕刻师兼地图制图师的学徒。他师从哈勒姆市的著名雕刻师兼画家兼人文主义哲学家亨德里克·霍尔奇尼斯。霍尔奇尼斯也对炼金术很有研究。炼金术结合了神秘主义哲学和实验工作，也就是未来的化学。除此之外，炼金术士痴迷于将普通易得的金属转化成金子，他们的实验为化学和其在化学工程中的实际应用奠定了基础。霍尔奇尼斯颇有可能将某些炼金术的知识传授给了年

上图：德雷贝尔的"永动"钟表。

轻的德雷贝尔，使德雷贝尔在后来发展成为能够制造烟花、染料和炸药的优秀化学家。

在学徒期满之际，德雷贝尔和霍尔奇尼斯的妹妹结为夫妻，然后返回了阿尔克马尔。他经营了自己的生意，却发现很难通过雕刻养家糊口，所以开始向工程学领域发展。1598年，德雷贝尔获得了两项专利。一项专利是为米德尔堡的城市公共喷泉提升清水的水泵。另一项专利是一只永远无须上弦的弹簧驱动时钟。它被称为永动时钟，引起了公众的遐想，并且提升了德雷贝尔的工程学资历。德雷贝尔设计的时钟巧妙地利用了大气压的变化防止弹簧卸力。

科学研究在北欧的蓬勃发展为德雷贝尔提供了更多的就业机会。他将雕刻师的心灵手巧应用到利润空间更加广阔的科学仪器制造行业。他学习如何为望远镜和显微镜打磨透镜，并且撰写了几本科学方向的书籍。随着声望日渐壮大，他移居英格兰，担任国王詹姆士一世的工程师。实际上，这意味着他需要为宫廷娱乐或者烟火表演提供大量设计精巧的特效。不久之后，德雷贝尔不安分的才华便开始驱使他去寻找其他施展空间了。最终，他投向了神圣罗马帝国皇帝鲁道夫二世的麾下。鲁道夫二世的皇宫位于布拉格，他本人也对炼金术颇有兴趣。德雷贝尔于1610年移居布拉格。天有不测，鲁道夫二世于次年遭到弟弟马蒂亚斯大公废黜帝位。德雷贝尔也被押入大牢，一年之后方得释放，然后身无分文地回到英格兰。

向来勤奋的德雷贝尔再次将其充满创造力的头脑投入工作之中。他制造了一台镜片磨制机，并且采用双层透镜研发了一台超高倍的复式显微镜。德雷贝尔利用其化学方面的才华，研发了色彩更加鲜艳且着色更加持久的红色颜

下图：德雷贝尔设计的潜艇的复原图。

料。他还发明了恒温调节器，以此对一种低能耗的炉具进行温度控制。因为这种炉具采用了自动反馈机制，所以这项发明是一个重要的工程创新。德雷贝尔还设计了一款恒温箱，通过将鸡蛋置于恒定温度的箱体内来孵化小鸡。

德雷贝尔重新投奔詹姆士一世国王的宫廷之后，于1620年制造了一艘桨动力潜艇，并且在泰晤士河幽暗的河水里进行了展示。这原本并非德雷贝尔的发明，但是拥有工程学技术的他却能将这个由威廉·伯恩于1578年发表的设计变成现实。后来，德雷贝尔又按照原型建造了两艘潜艇。尽管德雷贝尔的潜艇能够完美地运行，但是事实证明，这对英国皇家海军而言太超前于时代了。然而，这足以使英国皇家海军在深受震撼之余聘用了德雷贝尔任职海军工程师。令人遗憾的是，德雷贝尔的事业自此急转直下。由于德雷贝尔的技术革新在一次对抗法国海军的战役中没能起到作用，他失业了。此后，他在伦敦经营了一家酒吧聊度余生，并于1633年在寂寂无闻中去世。对于一名因为在多个领域都才华横溢、硕果累累而且被后世与托马斯·爱迪生相提并论的工程师而言，这样的人生结局的确令人扼腕叹息。

了不起的工程师

克里斯蒂安·惠更斯

以世界为国家，以科学为信仰。

——克里斯蒂安·惠更斯

最高成就

发现了土星最大的卫星——泰坦（亦称"土卫六"）
1655年

摆钟
1657年

土星环的观测
1659年

怀表
1675年

上图：克里斯蒂安·惠更斯。

荷兰博学家克里斯蒂安·惠更斯是17世纪的领军科学家之一，同时也是数学家、天文学家、发明家和工程师。惠更斯提出了光的波动理论并在力学和概率数学领域做出重要研究。他对科学贡献巨大。作为天文学家，他制造了一款精度得到改良的望远镜，同时也首次发现了土星四周围绕着环状物质。惠更斯也是一名技术高超的机械工程师。他研发了世上首座摆钟，并且用游丝设计了一款怀表，做出了另一个里程碑式的贡献。

1629年，惠更斯在人口密集的政治和法律中心城市——海牙出生，家境殷实。他的父亲——康斯坦丁·惠更斯——因为外交工作而频繁出差，而且多和诸如意大利科学家伽利略、法国思想家勒内·笛卡尔等知识分子交流。惠更斯也在孩童时期和他们有过接触。因此，惠更斯是在推动科技革命的思想环境中长大的。这个幼童在数学领域表现出来的智商和才华之高，令其父亲称其为"我的阿基米德"。

少年时代的惠更斯是在家里接受的私人教育，1645年被莱顿大学录取，开始主修法律和数学。两年之后，他转学到布雷达市的一个新学院，并于1649年完成了学业。毕业之际，人们以为他会子承父业，从事外交工作，但是惠更斯并没有选择此类工作，而是对数学更有热情。因为出身于富贵家庭，所以惠更斯能够回到海牙，继续在家从事独立研究，并且通过大量书信与其他知识分子交流思想。

除了数学研究以外，惠更斯也开始对光学和天文学产生了兴趣。彼时的荷兰处于眼镜和光学科研仪器的镜头制造业的领军地位。惠更斯开始和哥哥小康斯坦丁一起煞费苦心地学习研磨透镜和抛光透镜的技术。这促使他制造了一台可以生产体积较大且对形状有精确要求的镜片的机器。惠更斯利用这些大型镜片建造了一种功能更加强大的望远镜。当惠更斯在1655年使用这种新式望远镜观测土星时，他首次发现了一颗卫星在围绕土星旋转。后来，这颗卫星被命名为泰坦。再后来，他在1659年首次观测到土星的光环并且对其进行了描述。伽利略在1610年首次发现了土星环，但是由于望远镜的放大率达不到要求，所以无法看清土星环究竟是什么。惠更斯通过整合他在工程学和光学领域的才华弥补了伽利略的遗憾。惠更斯的发现使其声名鹊起，法国国王路易十四邀请他加入声名显赫的法兰西科学院。1666年，惠更斯移居巴黎，并在那里继续从事天文学和光学领域的研究工作。

天文观测对计时有精确的要求。全球贸易的扩张也对计时工具的准确性提出了新的要求，因为计时工具对船舶的航行至关重要。惠更斯注意到了伽利略在1602年观测到的钟摆运动即钟摆的摆动周期不会受悬线长度的影响等现象。伽利略意识到这种属性可以用来制作钟表，但是这位意大利科学家却从未将其想法付诸实践。这个悬而未决的理念便留给了惠更斯，惠更斯在1657年采用个人的设计方案制造出摆钟，将这个理念变成了现实。惠更斯设计的摆钟交由当地钟表匠萨洛蒙·考斯特制造，这款新式时钟较当时的弹簧驱动机械钟而言，在计时的准确性方面向前迈进了一大步。在石英钟问世之前的数百年间，惠更斯设计的时钟一直是最准确的计时工具。

惠更斯也在钟表工程学领域做出了另一项发明：摆轮。这是一个带有螺旋状弹簧的受力圆环，它会先朝一个方向旋转，然后再朝另一个方向旋转。就本质而言，它和钟摆的作用相同，即辅助机械装置调节运动。英国科学家罗伯特·胡克早在几年之前便独立提出了这个概念，但是由惠更斯凭借其在工程学领域颇具精度的技术呈现出了一款可以工作的产品。惠更斯用这个设计方案制造了怀表，并在1675年获得了专利。

彼时一项迫在眉睫的挑战是为船只设计一款准确的计时工具，以帮助它们航行。惠更斯在17世纪60年代投入了大量时间去设计产品并且进行海上实验。然而，海水的流动模式对钟摆的运动有影响，使惠更斯的产品无法以足够的精度计时。

惠更斯终生遭受疾病缠身之苦，而他晚年的健康状况尤为堪忧。1681年，惠更斯从巴黎返回荷兰，然后继续坚持工作并且发表新作。他甚至周游讲学，并且会见了包括艾萨克·牛顿在内的多位科学家。后来，牛顿做出了比惠更斯更加璀璨的贡献。惠更斯一生致力于科学领域和工程学领域的开创性工作，于1695年辞世。

上图：惠更斯设计的航空望远镜。

下图：钟表的摆轮。

了不起的工程师

罗伯特·胡克

> 皇家学会的设计和业务宗旨是，通过实验扩展人类对自然界的各种事物以及实用艺术、制造工艺、机械应用、机车发明的认知。
>
> ——罗伯特·胡克

最高成就

真空泵
1655年

胡克定律
1660年

入选皇家学会会员
1663年

《显微图谱》
1665年

任职伦敦市测量员
1666年
伦敦大火之后，胡克和克里斯托弗·雷恩爵士一起帮助重建了城市。

上图：罗伯特·胡克。

右图：胡克定律描述了弹簧拉伸和收缩的规律。

由弗朗西斯·培根和勒内·笛卡尔等思想家掀起的科技革命在17世纪加快了步伐。"自然哲学家"对自然界和自然界的各种运行机制的研究为强调实验和观测的现代科学奠定了基础。这个时期也见证了包括英国皇家科学院在内的横跨欧洲的各种科学学会和科学学院的崛起。罗伯特·胡克就是在英国皇家科学院成为了一名重要的自然哲学家。胡克利用显微镜和望远镜获得了多种发现，建立了多种科学理论，并且对从物理到化石等种种事物都进行了思考。在伦敦大火之后，他于1666年利用技术能力和组织能力和克里斯托弗·雷恩一起重建了伦敦市。

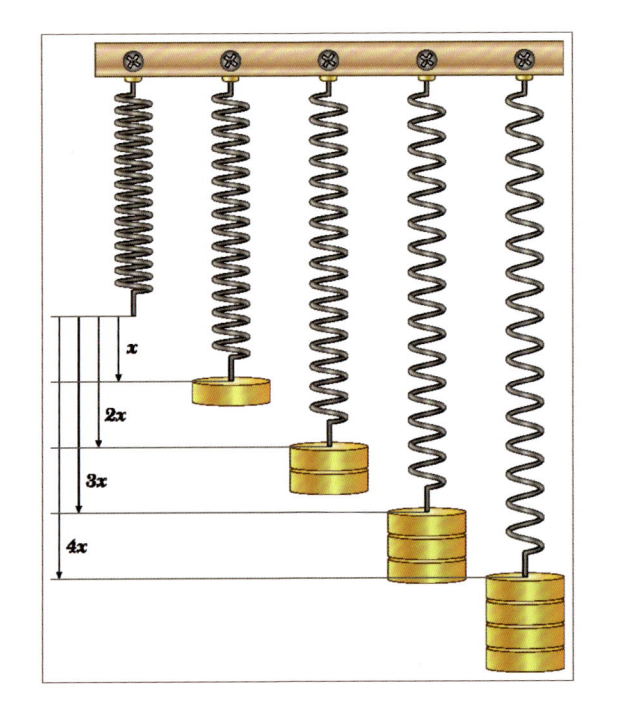

罗伯特·胡克是一名技术高超的工程师兼科学家，尽管彼时的工程学

尚未发展成为独立学科。事实上，正是他在机械领域的才华，使出身平平的胡克获得了在一个由富裕的绅士科学家们所主导的领域工作的机会。自然哲学家们需要利用专门定制的设备和仪器去进行实验操作。

他们的车间和初具雏形的实验室雇用技工团队去制造他们需要的工具。这促使了工程实践的发展使其科学发现保持同样的步伐。在贸易欣欣向荣的时代，工程师也受雇将新的科学发现转化成有利于商业的技术和设备。胡克是一个在科学和工程学这两个世界之间架起桥梁的博学者，一生硕果累累。

罗伯特·胡克于1635年出生在怀特岛的一个小渔村——淡水村。他的父亲是当地教堂的教区牧师。罗伯特是家里年龄最小的孩子。他体弱多病，所以大部分时间接受的是父亲的家庭教育。少年胡克很早就在素描和制作模型方面表现出了才华。坊间传闻他在幼时便已用木头为原料制造出了一个可以工作的机械钟表复制品，以及一个能够发射炮弹的战舰模型。胡克13岁时，他的父亲去世了，给他留下了一点遗产。他用这笔钱去伦敦拜入著名肖像画家彼得·莱利爵士的门下做了学徒。然而，事实证明，胡克的艺术理想是短寿的。取而代之的是，胡克被带到威斯敏斯特学校校长的门下，他能够在此学习，也拥有继续维修和制作机器的自由。

中学毕业之后，胡克进入牛津大学继续学习，他在此成为以沃德姆学院院长约翰·威尔金斯为核心的自然哲学家圈子的一员。威尔金斯博学多才，他的周围聚集了包括建筑师克里

下图：采用气泵进行的实验。

了不起的工程师

斯托弗·列恩和科学家罗伯特·波义耳在内的众多人才。威尔金斯发现了胡克令人惊叹的技术天赋和科学头脑，所以把他吸收进团队以辅助团队进一步探索知识。威尔金斯时常鼓励胡克，并且成为了这个年轻人的导师。正是在威尔金斯的影响下，胡克得以受聘为罗伯特·波义耳的技术助理。胡克资金窘迫，所以付费工作总是令其欢心。1655年，波义耳让胡克设计并制造一个用于真空玻璃球体实验的气泵。胡克不仅精力充沛，而且对世界充满好奇心，所以他在工作之余也开展了个人的研究项目。1660年，他用公式表达出了支配弹簧物理性质的弹性定律。这则公式以"胡克定律"命名并被世人熟知。胡克也通过增加游丝的方式改良了弹簧驱动式钟表的机理，后来这项发明的专利权被认定为归克里斯蒂安·惠更斯所有（见第49页），令胡克恼怒不已。

皇家学会于1660年在伦敦成立，并且将威尔金斯团队的核心成员吸纳为会员，集多种才华于一身的胡克便于1662年顺理成章地被聘用为实验馆长了。尽管胡克的职位总是迟发工资，但是他依然坚持不懈地做报告和展示实验，并在工作之余追求个人研究。久而久之，他成为皇家学会的领军人物。当胡克在1663年从牛津大学获得硕士学位后，他被选为皇家学会会员，在获得资金支持后，他能够更加专注地从事自己的工作了。

大约就在这段时间，胡克对显微镜进行了改良，他添加了一面镜子和一个灯泡，从而将光线集中在观察物上。改良后的显微镜的清晰度在他对微生物和冰冻尿液结晶等物质的研究中都提供了帮助！1665年，胡克将其研究发现编撰成书并出版了作品《显微图谱》，一夜成名。胡克利用个人的艺术天赋创作了特写镜头式的素描图，从而将从跳蚤的解剖结构到苍蝇的复眼再到植物的细胞结构等物质都呈现了出来。事实上，我们正是通过胡克对软木树皮显微镜下形态的描述得到"细胞"这个词的。《显微图谱》激发大众展开了遐思迩想。著名日记作者塞缪尔·佩皮斯声称，自己曾经如痴如醉

上图：经过胡克改良的显微镜。

下图：取自《显微图谱》的跳蚤素描图。

上图：《伦敦大火》油画，1666年。

竟夜不眠地阅读此书。在1666年的伦敦大火之后，胡克被任命为伦敦市测量员，帮助朋友克里斯托弗·雷恩开展城市重建工作。13000多间房屋在这场大火中化为乌有，87座教堂成为灰烬，就连圣保罗大教堂也未能幸免于难。事实证明，胡克在这个岗位上显示出了非凡的能力，他几乎能够从容不迫地同时继续进行他在皇家学会的科研工作，以及在牛津大学的讲师工作。然而，胡克渐渐发现自己和其他人产生了分歧，与英国科学家艾萨克·牛顿的矛盾最为显著。两人彼此嫉妒对方的声望，而且对各种科研发现的专利归属权有冲突。这对胡克在1703年逝世后的清誉产生了影响。人们推测，牛顿从未原谅胡克对其名誉的轻视。当牛顿当选皇家学会主席之后，他对胡克的科研遗产进行了压制和破坏。幸好，现代的历史学家们将胡克从牛顿暗无天日的诋毁中解救出来，我们才有机会看到胡克的事业是何等清晰地标志着专业工程学的开端。

了不起的工程师

最高成就

纽科门蒸汽机
1712年
这是世上第一台有工作效果的蒸汽机。数千台同款产品投入使用，开启了工业革命。

托马斯·纽科门

正如我们所知，铁和热量是机械艺术的基础和条件。如果英国有哪个产业不依靠这两种物质或不能自由使用这两种物质仍能建立起来，那便没有天理了。

——萨迪·卡诺，法国机械工程师，引自《论火的动力》，1824年

18世纪末，英国的工程学取得了飞跃性的进步。发明家和工程师研发了新技术和新机器，在一段时期内推动社会发生了快速变革，史称"工业革命"。工业革命推翻了传统的小规模产业，并且通过机械化工厂和容纳工人的大型城市将英国变成工业强国。工程师们也建造了全新的运输网络：能够运输原材料和大批产品的运河、铁路、隧道和桥梁。

这些产业和创新的驱动力都是蒸汽。首个通过成功操纵蒸汽动力进行工作的工程师是一位名为托马斯·纽科门的五金商人兼金属工人。1712年，他发明并且制造了大气蒸汽发动机——世上首台实用蒸汽机。这种蒸汽机逐渐被简称为纽科门蒸汽机。随着工业革命的蔓延，全世界共安装了2000多台纽科门蒸汽机。纽科门蒸汽机为现代工业变革期的最初阶段提供了动力。

1664年，托马斯·纽科门在一个德文郡达特河入海口的滨海小镇达特茅斯出生。他早年的职业生涯无从考证，只有资料记载他于21岁左右开始在英格兰西南部经营五金生意。这份工作大概使其与金属制造工人频繁接触，他也因此亲眼看到了更北边的铸造厂。身处技术革新的时代，他逐渐积累了工程学专业知识，并且和出入同座教堂的本地管道工人约翰·凯利结为合作伙伴。两个自学成才的工程师为一项历史性的工程学突破奠定了基础，这将永远改变整个世界。

纽科门的一些客商是德文郡和康沃尔郡矿区的矿厂主。锡矿等金属矿石的市场需求量激增，但是矿厂主却由于洪水泛滥无法充分开采这些资源。煤矿也面临同样的困境。彼时最佳的工程方案是利用由马匹驱动的机械泵清理被洪水淹没的通风井和坑道。它们将一个个载满的水桶从地下拉到地面上。这些水泵效率低下且工费昂贵，日排水量也极为有限。

功率更加强大、经济更加划算的水泵成为明确的需求。纽科门知道，有一种新式可行能

下图：纽科门蒸汽机。

了不起的工程师

下图：塞维利的蒸汽泵。

源——蒸汽——大概能够满足这种需求。纽科门曾经阅读过托马斯·塞维利采用蒸汽泵为矿井排水的实验报告。塞维利的设计原理是，利用蒸汽制造真空，从而使水流升起，这听起来是比较合理的。然而，这种水泵在实践中却不可行。它总发生机械故障，工作环境的温度和压力改变也总使真空状态所需的气密密封器失效。塞维利的蒸汽泵的主要问题还是它无法产生深矿井中排水作业所需的吸力。

纽科门和凯利开始一起做实验，尝试用各种方法改良塞维利蒸汽泵的设计方案。塞维利的"火力提水蒸汽机"除了蒸汽阀门以外没有可活动性部件。纽科门和凯利的主要创新在于，在金属气缸内部安装了一个可移动活塞。最初，他们采用黄铜作为气缸的原料，但是后来改成了铸铁。他们的设计方案是，通过压缩气缸内部蒸汽的方式形成部分真空，从而产生活塞运动。活塞通过链条连接到摇摆平衡梁。平衡梁能够像跷跷板一样上下运动，从而通过另一条铰链操纵泵杆升降。泵杆将水吸进另一个汽缸，将水从矿井中提起，然后在地表排出。

上图：位于达德利布莱克地区生活博物馆的纽科门蒸汽机复制品。

事实证明，纽科门蒸汽机是一款坚固耐用且成功有效的设计。首部采用纽科门蒸汽机为组件的商用泵于1712年在斯塔福德郡的一座煤矿中安装。它能从45余米深的地方以每分钟泵出45余升液体的效率进行工作。这款蒸汽机更大的优势在于坚实耐用，能够夜以继日不知疲

足可以衣食无忧地生活了。这两个合伙人共同见证了100多台纽科门蒸汽机在英国甚至更远的欧洲疆域上安家落户。纽科门蒸汽机是一个工程学创新的里程碑，尽管它的油耗较高（仅以百分之一的能效进行工作），却在整个18世纪甚至后世都得到了广泛应用。它为包括火车在内的蒸汽动力的诞生提供了工程学基础方案，并被后来的工程师们重新设计和完善，其中最著名的是詹姆斯·瓦特。

蒸汽动力先驱

在纽科门蒸汽机诞生之前，曾经出现过一些制造蒸汽动力引擎的早期尝试。这些设备作为技术展示和原型，为纽科门铺平了道路。

丹尼斯·帕潘
（1647—1713年）

1682年，法国科学家兼工程师丹尼斯·帕潘展示了一款利用高压蒸汽和安全阀工作的压力锅。这促使帕潘在1690年制造了世上首台蒸汽驱动的活塞引擎。帕潘发表了他对蒸汽的一些认识，这些思想大概对纽科门的设计有所启发。

右图：丹尼斯·帕潘。

托马斯·塞维利
（1650—1715年）

英国军事工程师托马斯·塞维利从帕潘的设计中获得部分灵感，制造了为矿井抽水的蒸汽泵。他在1698年为他的发明申请了专利。塞维利的蒸汽泵没有安装活塞，但是利用压缩蒸汽产生的真空形成吸力。他的设计提供了基本的蒸汽动力原理，这在纽科门后来设计的改良版蒸汽动力泵中得到了应用。

左图：托马斯·塞维利。

倦地工作，从而保证矿厂正常经营。纽科门蒸汽机在性能方面远远超过了畜力泵。不久之后，这种新型的蒸汽动力技术就源源不绝地在全国的矿区推广开来，然后出口到世界各地。

纽科门蒸汽机不仅增加了矿区的矿物产量，而且加快了工业革命的步伐。煤炭、矿石和工厂制造的产品从根本上改变了英国的社会结构和经济状况，甚至对国外也有所影响。塞维利在早期获得的专利权剥夺了纽科门和凯利的发明所本该获得的大部分利益，但是他们却

了不起的工程师

约翰·哈里森

所有熟悉航海艺术的人都知道，在海上航行时，没有什么比发现经度更令人渴求，因为航行的安全性、航行的速度、船只的保存和人员生命的保护……

——摘自1714年颁布的《经度法案》

最高成就

蚱蜢擒纵轮
1722年

H1 航海天文钟
1735年

H4 航海天文钟
1759年
这款计时工具为航海计时设置了标准，并为哈里森在辛勤耕耘近三十年的领域中赢得了经度奖。

上图：约翰·哈里森和他设计的航海天文钟。

工程师们会针对现实世界中的种种问题努力地寻找解决方案。18世纪，航海国家的主要问题之一是精确导航。就全球贸易和军事力量而言，海洋是重中之重。然而，绘制一条跨越大洋的航线却既难于蜀道又常谬以千里。船舶在驶离陆地之后，可以利用太阳或者星星来确定纬度，即自己距离赤道或南或北的远度。但是没有准确的方法确定经度，即向东或者向西行驶的距离。解决"经度问题"的工程师是约翰·哈里森。他研发了一种既能承受航海严苛条件又能保证超级准确计时的工具，从而为海洋导航竖立了一座革新性的里程碑。

约翰·哈里森于1693年出生在约克郡的一个小山村福尔毕。他的父亲是一名木匠。约翰跟随父亲进入了这个行业，直到20岁之后才开始在钟表制造业做了一份兼职。他用木头为原材料制作了几座摆钟，包括钟体内部的机理或者"运动"。少年哈里森经常对这些机械进行改良，总

约翰·哈里森

下图：1707年的锡利群岛海难事件是英国海军史上最惨烈的航海事故之一。

了不起的工程师

上图：哈里森设计精巧的首款航海计时工具，H1。

结出了许多重要的创新方案，使得他设计的时钟更加准确。摩擦力是时钟失去精准性的一个主要原因。润滑剂能够改善状况，但是如果不经常进行维修，就可能发生零件黏结。哈里森使用一种名为愈创木的油性自润滑木质材料制作某些可动部件，解决了这个问题。他还研发了一种名为"蚱蜢擒纵轮"的新型低摩擦机械，用以调节时钟的运动。约翰·哈里森在精密工程领域的创新和技术对他后来研发航海天文钟提供了莫大的帮助。

1707年10月，四艘英国海军战舰由于导航不够精确在锡利群岛附近触礁。军舰沉没，多

上图：H4航海钟。

达2000名水手丧生。这场骇人听闻的事故将众所周知的"经度问题"推向了焦点。1714年7月，英国议会通过了《经度法案》。该法案决议向任何能够解决经度问题的人提供20000英镑的赏金，价值相当于当今时代的数百万英镑。约翰·哈里森意识到，答案在于制造一座超级准确的时钟。他将精力专注于为奖金而奋斗。这将成为他的终生事业。

哈里森主张，如果时钟在海上航行时能够保持近乎完美的时间精度，那么它就可以用于比较海上的当地时间和英国的本土时间。两者的差值可以用于计算向东或者向西行驶的距离。无论身处世界何地，正午的太阳总是直射头顶。所以船长可以对船舶出航时设定的时钟进行核对，每过一个小时，地球就围绕太阳运转过了15度的经度。

在皇家天文学家埃德蒙多·哈雷的支持下，哈里森开始在亨伯河畔巴罗镇的家里工作，制造第一台航海计时器，H1。他知道这座航海钟必须比当时已有的计时工具精确50倍。它也必须能够和温度变化及船舶上的颠簸抗衡。摆钟是最精确的陆地计时工具，但是船舶的颠簸会对钟摆的运动构成影响。所以，哈里森在设计H1时取而代之地采用了弹簧驱动的运动模式，即采用由两个可摆动性球形砝码和一个弹簧共同构成的平衡装置代替钟摆进行工作。他的设计将摩擦力降至最低状态，时钟不需要任何润滑。H1航海钟于1735年问世，航海测试证明了它的准确，但是这还不足以申领奖项。

哈里森锲而不舍，移居到了伦敦，并且在接下来的19年间制造了两款改良版的时钟，H2和H3。两款航海钟都增添了创新性的工程解决方案，譬如金属的温度补偿组合与效率更高的轴承结构，但是哈里森依然无权申领奖项。最终，时至18世纪50年代，年近古稀的哈里森彻底改变了战略，他放弃了形体巨大的座钟款式设计，转而制造基于怀表形态的微型计时工具。哈里森的H4航海钟堪称精密工程的杰作。英国经度委员会再次拒绝授予哈里森奖项，但是国王乔治三世接管了这件事，并且确保哈里森获得了议会授予的奖励。哈里森于1776年逝世。此后，著名探险家詹姆斯·库克船长对H4的后续版本进行了测试，并给予了高度赞扬，称此物为他的"永不失败的领航员"。哈里森的微型计时工具直径仅有13厘米，是工程学史上的杰作，并恒久革新了海上导航的历史。

了不起的工程师

詹姆斯·瓦特

这台机器，是我心中的唯一。

——詹姆斯·瓦特，给林德博士的信，1765年

继托马斯·纽科门的先驱性贡献（见第54页）之后，苏格兰工程师詹姆斯·瓦特改良了蒸汽机的效率和功率。他用一个能够为织布机、钢铁厂和磨粉厂提供动力的机器将工业革命推向了新的高度。

詹姆斯·瓦特于1736年1月19日出生在苏格兰西海岸格里诺克市的一个成功的造船师兼船主家庭。他年少时体弱多病，不得不在家里接受教育。瓦特在父亲的车间里度过了少年岁月，喜欢以木头和金属制作船舶起重机和绞盘模型，并且帮助维修航海设备。1755年，遭遇了母亲去世、父亲重病双重打击的瓦特去往伦敦师从约翰·摩根做了科学仪器制造师学徒工。他在此获得了制造尺子、秤、四分仪和气压计的经验——这些都是要求顶级精度的工具。

奇才瓦特在一年之内返回了苏格兰，并在格拉斯哥创办了自己的工程企业。他为当地的运河改造项目以及克莱德河与福斯河的挖掘工程工作了一段时间。他因为对格拉斯哥大学精密的天文学仪器提供专业维修服务而使得这座大学邀请他开办了一个驻校私人工作间。瓦特开始为其大学同事，发现二氧化碳的杰出物理学家兼化学家约瑟夫·布莱克制作模型。

最高成就

分离式冷凝器
1764年

瓦特蒸汽机
1776年

太阳行星轮系
1781年

离心调速器
1788年

便携式复印机
1795年

上图：詹姆斯·瓦特。

詹姆斯·瓦特

下图：詹姆斯·瓦特花费数月改良纽科门的蒸汽机。

了不起的工程师

上图：瓦特的发明之一，"节速器"，这是一种用于调节蒸汽机运转速度的旋转装置。当球体达到极限时，就会触发阀门，使其开启，释放蒸汽。

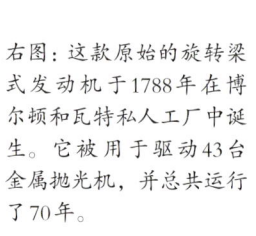

1764年，瓦特受命修复格拉斯哥大学收藏的托马斯·纽科门蒸汽机模型。瓦特意识到，纽科门的设计方案效率低下，因为它浪费了太多热量，并且因此燃烧了过多不必要的煤炭。蒸汽机的气缸需要反复加热至沸点才能产生推动活塞运动的蒸汽，待蒸汽凝结之后才能形成拉动活塞做往返运动的真空。瓦特为蒸汽能够在内部凝结设计了一个独立的腔室，从而使得蒸汽机能够在经过调节的温度下持续工作。瓦特也在他设计的升级款蒸汽机中添加了润滑油，降低了工作部件之间的摩擦力。

瓦特花费了8年时间担任测量员和土木工程师，以购买他设计的蒸汽机的全尺寸工作模型及专利。他在1769年获得了专利权，专利名称为"降低火力发动机蒸汽和燃料消耗的新创方法"。

右图：这款原始的旋转梁式发动机于1788年在博尔顿和瓦特私人工厂中诞生。它被用于驱动43台金属抛光机，并总共运行了70年。

下图：瓦特蒸汽机。

6年之后，瓦特和投资商马修·博尔顿达成合作关系，共同生产他设计的蒸汽机。博尔顿和瓦特公司以他们被广泛应用的设计产品驱动了工业革命。这对合伙人在后续的25年间生产了451台发动机，其中268台带有旋转臂，两人因此获得了巨额财富。

曾几何时，遍布世界的1500台在用蒸汽机中，有三分之一是由位于伯明翰的博尔顿私人工厂制造的。

首批蒸汽机主要用于为矿井和运河排水。而瓦特设计的蒸汽机不仅燃油效率更高（相对于纽科门设计的蒸汽机而言，煤炭需求量不足其三分之一），而

了不起的工程师

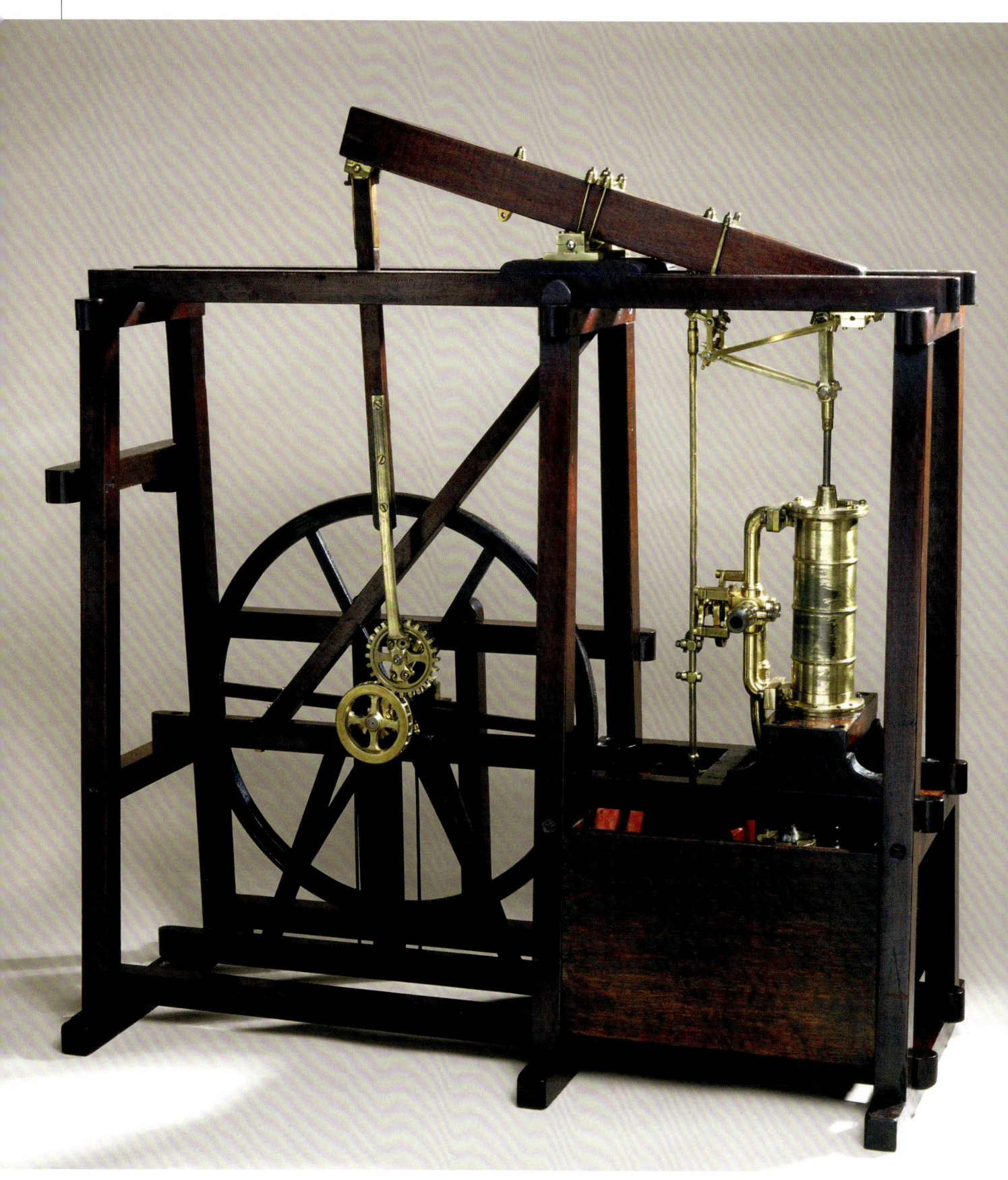

上图：博尔顿和瓦特公司生产的蒸汽机工作模型。这台双效发动机是依靠瓦特发明的太阳和行星轮组驱动旋臂的。

且可以在更深的环境中进行排水工作。博尔顿和瓦特蒸汽机在康沃尔郡锡矿产业中有大量需求。瓦特开始使用"马力"这个术语作为蒸汽机功率的量度。一台典型的使用瓦特蒸汽机驱动的水泵能够以和56匹马等同的功率进行工作。

博尔顿和瓦特公司极力保护瓦特蒸汽机的设计专利。其他试图采用类似设计的生产厂商都被博尔顿和瓦特以高额的诉讼费起诉到了法庭。在瓦特蒸汽机连续不断地在庭辩中获胜的同时,法庭的审判也阻碍了其他工程师研发性能可能更佳的改良产品。反之,当瓦特试图发布一款带有旋转臂的引擎时,他就不得不避免与发明家詹姆斯·皮卡德受专利保护的设计雷同。瓦特版本的旋转臂采用了"太阳和行星"轮系驱动。"太阳"是一个大型齿轮,小型"行星"齿轮围绕着前者运动,通过摇摆杆连接到发动机的横梁。发动机的运动推动摇摆杆上下运动,从而使得行星轮围绕太阳轮旋转。

随着旋转臂的发展,博尔顿和瓦特的发动机能够产生比上下运动更多的运动,因此在造纸厂、钢铁厂、磨粉厂和酿酒厂得到了应用,也为纺织行业的织布机提供驱动力。瓦特继续改良设计,发明了使蒸汽可以进入气缸两端的双效发动机,从而使发动机的效率实现了翻倍的效果。

尽管瓦特主要因为设计蒸汽机而闻名,但是他也设计了第一台信件复印机,从而节省了誊写设计方案和图纸的精力。这个精巧的机器,作为现代复印机的前身,通过为纸张添加特制墨水然后向它按压湿润薄纸的方式工作。湿润的薄纸非常结实,它沾染了与字迹相反的墨痕,但是人们可以通过纸张的背面阅读文字。

1784年,瓦特入选爱丁堡皇家学会院士,次年在伦敦入选为院士。当瓦特在19世纪初退休之后,他继续在伯明翰附近的希思菲尔德大厅的家庭工作室里研究他的发动机设计案、时尚乐器和一款用于复制雕塑的机器,直至1819年8月25日逝世。后来,该工作室及室内物品被伦敦科学博物馆单独设为展馆。为了进一步纪念他在工程学领域的成就,电力功率和机械功率的计量单位按照他的名字命名为"瓦特"。

下图:瓦特在1795年设计了这款便携式复印机。该复印机可以视为现代复印机的前身。

了不起的工程师

托马斯·特尔福德

> 它美得让人难以相信……划过天空的神奇溪流。
>
> ——L. T. C. 罗尔特对特尔福德的旁特斯沃泰水道桥的评论，1805年

最高成就

蒙特福德桥
什罗普郡，1792年

彪德沃斯桥
什罗普郡，1796年

旁特斯沃泰水道桥
1805年

梅奈悬索桥
威尔士，安格西岛，1826年

上图：托马斯·特尔福德。

"道路的巨人"——托马斯·特尔福德——作为土木工程师，用技术改变了苏格兰的版图。他在英国设计的道路、运河以及宏伟的桥梁工程是早期工业年代的巅峰之作。事实上，其中许多建筑至今仍在使用，这证明了他在设计典范的和耐久的建筑方面的才华。

托马斯·特尔福德于1757年8月9日在苏格兰邓弗里斯郡的山区农场格伦迪宁出生。在他出生4个月之后，身为牧羊人的父亲便去世了，他由母亲抚养，在饥寒交迫的贫困生活中长大。尽管生活艰苦，托马斯却是一个阳光少年，当地人称其为"爱笑的塔姆"。14岁时，他就开始以石匠学徒的身份参加工作了。他的早期工作之一是为他父亲在埃斯克代尔市韦斯特柯克区的坟墓雕刻一块墓碑。他在学徒时期为苏格兰边境朗霍尔姆地区的艾斯克河建造的一座桥梁至今依然屹立在那里。

特尔福德在爱丁堡居留了一段时间之后就去了伦敦，在建筑师罗伯特·亚当和威廉·钱伯斯爵士的指导下，对萨默塞特宫做了扩建工作。因为特尔福德的多数训练都是通过实践获得的，所以他在接下来的日子里被委托了朴茨茅斯造船厂建筑工程的设计和管理工作。

托马斯·特尔福德

下图：特尔福德于1805年设计的横跨迪河的旁特斯沃泰水道桥。2009年，这座桥梁被认定为联合国教科文组织世界遗产。

1787年，特尔福德在英国什罗普郡担任市政工程检验官，并且热切地启动了一个民用建筑项目。在特尔福德负责的诸多项目中，有什鲁斯伯里城堡、当地监狱、郡区医院和几座教堂的翻新工作。其中一座是什鲁斯伯里的圣查德教堂，特尔福德认定其为易塌建筑。果然，它仅在3天之后便轰然倒塌了！

特尔福德获得了大师级桥梁设计专家的声誉。他在蒙特福德区的塞文河上建造的第一座桥梁，是他在什罗普郡所监督建造的40个工程

之一。受亚伯拉罕·达比在艾恩布里奇建造的著名铸铁桥——工业革命的象征——激励，特尔福德于1796年在彪德沃斯建造了一座桥梁，桥面比达比的铸铁桥宽出9米，而重量则仅是达比铸铁桥的一半。作为一名谨慎的工程师，特尔福德在对材料的强度进行了测试之后才允许施工。

1799年，特尔福德受命开展一项连通埃尔斯米尔运河与威尔士边境附近的雷克斯汉姆钢铁厂和煤矿的工程，这项工程的工期长达6年。特尔福德为这条运河设计了几座瞩目的高架渠，以此连通河流与峡谷。他在威尔士兰戈伦小镇的迪河上设计建造的旁特斯沃泰水道桥便是诞生于那个时代的奇观之一。这座至今仍在使用的水道桥采用19个跨度为14米的空心拱支撑起一个长度为300米、距离谷底38米的铸铁水槽。

特尔福德发现，英国全国各地都有工程项目向他寻求咨询服务。他为利物浦的自来水厂和伦敦的港口住宅区的改良工程提供了建议。他对苏格兰的道路和运河基础设施的贡献是无

托马斯·特尔福德

左图：连接威尔士大陆和安格西岛的梅奈悬索桥在1826年竣工时成为彼时世界上最长的悬索桥。

与伦比的。20多年间，特尔福德组织完成了遍布苏格兰高地的1480千米的道路工程和1200座新建及改良桥梁的项目。他在包括亚伯丁和邓迪在内的几个主要港口的改良工程、穿越广袤苏格兰高地的161千米长的喀里多尼亚运河工程以及32座新教堂的建筑工程中担任了总监的职务。另外，跨越苏格兰低地的296千米的道路修建工程也是在他的监督下完成的。

特尔福德的专业技术也得到了瑞典国王的赏识，他雇佣特尔福德在首都斯德哥尔摩和哥德堡市之间修建了一条运河。1809年，特尔福德被授予瑞典皇家骑士勋章，以表彰他的贡献。特尔福德则继续在英国从事筑路工作，这期间他帮助重建了一条介于威尔士港口城市霍利希德和伦敦之间的主干道。在此期间，特尔福德的朋友亦即他后来的传记作家——诗人，罗伯特·索西——为他起了一个幽默的绰号"道路的巨人"。

1819年，特尔福德另一个备受关注的建筑项目开工了。这个项目是连接北威尔士和安格西岛的梅奈海峡悬索桥，这是当时世上最长的悬索桥。特尔福德设计建造的梅奈悬索桥使用16条长度为522米的锻铁钢索作为支撑，总长180米，桥面距离海平面的高度可以容许大型船舰轻松通过。

到了晚年，特尔福德继续从事道路和河道改良工程，其中最著名的包括位于伦敦的圣凯瑟琳码头、位于斯塔福德郡的2.6千米长的哈尔卡斯特运河隧道、惠茨特布尔港、伯明翰和利物浦的枢纽大运河以及于1829年建造的堪称彼时最长的单跨式桥梁——高尔顿大桥。特尔福德因为一生的事业而受到高度赞扬，并且被任命为土木工程师学会第一任会长，他一直担任这个职位，直至1834年9月2日在伦敦去世。特尔福德葬于威斯敏斯特大教堂，墓碑附近立有雕像。1968年，为了纪念特尔福德对什罗普郡的贡献，一座新城被命名为"特尔福德"。

了不起的工程师

理查德·特里维西克

我因为尝试那些世人称之为不可能的事情，而被贴上了傻瓜和疯子的标签。

——引自《理查德·特里维西克的一生》，弗朗西斯·特里维西克著，1872年

最高成就

蒸汽恶魔
诞生于1801年的首辆全尺寸蒸汽机车。

潘尼达伦蒸汽机车
1804年

"谁与争锋"蒸汽机车
1808年

上图：理查德·特里维西克。

世上首辆蒸汽机车的设计者理查德·特里维西克对蒸汽动力和铁路运输产生了巨大影响，但是既没有收获经济回报，也没有在同事之间获得好的名声。

特里维西克于1771年4月13日出生在康沃尔郡矿区中心的伊洛甘市。少年时代的特里维西克身材颀长，对运动的热爱多过对学习的热情。他的父亲，老理查德，是本地铜矿的一名工程师。小理查德就通过观看蒸汽机从深深的矿井中提水而逐渐对蒸汽机熟悉起来。不出所料，理查德到了足够的年龄就离开了学校，到矿区谋了一份工作，而且很快就被升职为顾问。

康沃尔郡的矿场使用的多数蒸汽机都是由托马斯·纽科门设计的固定式抽水机（见第54页）。由詹姆斯·瓦特（见第62页）设计的更为高效的蒸汽机逐渐开始流行起来，但是任何仿造瓦特蒸汽机的尝试都很快遭到了博尔顿和瓦特公司律师的起诉。当特里维西克发声支持试图改装瓦特蒸汽机的工程师乔纳森·霍恩布洛尔时，他被本地人视为了英雄。

当特里维西克于1797年在叮咚矿场工作的时候，他利用个人的工程技术，采用詹姆斯·瓦特拒绝冒险使用的高压蒸汽制造了自己的蒸汽机。然而，特里维西克随后便收到了来自博尔顿和瓦特公司的律师函，要求他停止制造蒸汽机。直到1800

下图：特里维西克设计的一举成名的潘尼达伦蒸汽机车的复制品。

了不起的工程师

左图：特里维西克设计的第四辆蒸汽机车"谁与争锋"，于1808年向乘客付费展览。

年，瓦特的专利权到期后，特里维西克才开始自由地进行实验。

自从纽科门发明了蒸汽机，锅炉的设计已经在随后的几十年间得到了改良。当时已经允许像特里维西克这样技术超群的工程师发明一款采用高压蒸汽工作而不必担忧锅炉爆炸的蒸汽机了。这种发展意味着，蒸汽机可以在设计过程中移除瓦特的分离式冷凝器了。这种理念早已有之。事实上，特里维西克的邻居——工程师威廉·默多克——已经采用这种所谓的

"强力蒸汽"对一款蒸汽马车模型进行过测试了,而特里维西克则是第一个成功的。他的30个效率更高的模型是为了在康沃尔郡矿场使用而制造的,那里的人因为它们喷射出的蒸汽而将它们称为"喷气的恶魔"。

相对于早期蒸汽机而言,高压蒸汽机质量较轻,而且采用烟筒安全排放多余的蒸汽。特里维西克发现了蒸汽机有移动的潜能。他在1801年制造了一辆搭载着可乘六名乘客的车厢的全尺寸蒸汽动力蒸汽机车,并且于平安夜在康沃尔郡的坎伯恩镇向公众进行了展示,拖着乘客爬山到了邻村毕肯。这辆蒸汽机车获得了"蒸汽恶魔"的称呼。但是,很可惜,蒸汽机车在3天后损坏,所以后续测试被迫终止。由于人为失察,机车的水供应系统干涸,导致机车温度过热进而自燃。

1803年,特里维西克再次遭遇挫败,他设计的固定式蒸汽机的一个产品在伦敦格林尼治爆炸,造成4人死亡。特里维西克坚持认为事故是人工操作失误造成的,但是他的竞争对手博尔顿和瓦特公司却抓住机会对高压蒸汽的危险性进行了警告。特里维西克迅速采取行动,在他的设计中添加了一种安全机制。

蒸汽机车的一个历史性时刻随着一场赌博诞生了。威尔士梅瑟蒂德菲尔市的潘尼达伦钢铁厂的厂长塞缪尔·霍姆弗德委托特里维西克制造了一辆蒸汽机,并且押了500几尼①的赌金和另一位钢铁厂厂长理查德·克劳希打赌,赌特里维西克的蒸汽机能够将10吨钢铁拖到16千米外的码头。特里维西克设计了一辆在马车轨道上行驶的蒸汽机车,在1804年2月21日证明了霍姆弗德正确的同时,它也将第一条蒸汽列车呈现给了世界。

4年之后,特里维西克利用一辆新造的名为"谁与争锋"的蒸汽机车在伦敦举办了一场展览。机车沿着圆形的铁轨咔嚓咔嚓地行驶。后来,尤斯顿站在铁轨附近拔地而起。车票的价格是每张一先令。极为遗憾的是,铁轨损坏了,机车翻车了。尽管特里维西克举办了几场人头攒动的展览,但是这条利用技术成果吸引投资商的道路却是举步维艰。直到17年之后,蒸汽机车才得到认可,可以代替马车使用。

面对破产的压力,特里维西克放弃蒸汽机车了一段时间,重新从事矿用蒸汽机的工作,直到一个在南美洲工作的机会不期而遇。在安第斯山脉的高海拔地区,博尔顿和瓦特公司生产的蒸汽机几乎毫无用处,而特里维西克的高压蒸汽机却能完美地工作。秘鲁的几座银矿订购了九台高压蒸汽机。特里维西克在1816年启程搭上一艘捕鲸船去了秘鲁,但是在到达秘鲁不久之后,一场秘鲁国内的解放战争打乱了他的计划,致使他的矿井机遇化为泡影。他北行至哥斯达黎加探索金矿,然后穿过危机重重的丛林地带返程。

抵达哥伦比亚的卡塔赫纳港之后,深受挫败且两手空空的特里维西克非常幸运地遇到了彼时任职银矿工程师的英国工程师(也是未来的蒸汽机车制造师)罗伯特·史蒂芬逊(见第80页)。史蒂芬逊给了特里维西克50英镑作为返回英格兰的路费。这位康沃尔郡的工程师继续工作了几年,不断改良锅炉设计,但是经济回报却微乎其微。1833年4月22日,身无分文的特里维西克因为肺炎在孤寂中去世,死后被埋葬在肯特郡达特福德区的一座无名荒墓之中。然而,他对蒸汽机技术和蒸汽机车的贡献却将永远铭记在世人心中。

---

① 编者注:几尼是17世纪至19世纪初期的英格兰货币单位。

了不起的工程师

乔治·凯利

> 大约100年前，英国人乔治·凯利爵士将飞行的科学推到了一个前无古人、上个世纪内几乎再无来者的高度。
>
> ——威尔伯·莱特，航空先驱及世上首架动力飞机飞行员，1909年

最高成就

银盘机
1799年
凯利根据推力、升力、重力和空气阻力的科学原理，提出了一款固定翼飞机的设计理念。

凯利的首架滑翔机
1804年

旋转臂
1804年

《论飞行导航》
1809—1810年
发表在《尼科尔森期刊》上的一系列解释他个人发现的论文。

可控降落伞
1853年

上图：乔治·凯利。

1783年11月21日，蒙特哥菲尔兄弟的热气球搭载着两名乘客缓缓地升上了巴黎的天空。这则消息传遍全球。人类终于掌握了飞行的秘诀。仅仅一个多星期之后，由另外两名法国人操纵的氢气球在巴黎升空了。早期热气球飞行员的英勇行为引发了普罗大众的遐思迩想。一时间，天空的未来似乎归属于轻于空气的飞行器了。

蒙氏兄弟的消息也传到了一个名为乔治·凯利的9岁英国男童耳中，此人将会在未来的某一天成为航空工程领域中举足轻重的人物。然而，有所不同的是，他将贡献的领域并非操纵气球，而是操纵重于空气的飞机的未来。在蒙氏兄弟的氢气球升空70年之后，已入耄耋之年的凯利驾驶着自制的航空史上首架载人滑翔机直冲云霄，飞到了可以与蒙氏兄弟相提并论的高度。

乔治·凯利于1773年出生在英格兰斯卡布罗的一位准男爵家中。到了学龄，他接受了私人教师的教育，为他在数学和机械学、电学等科学领域奠定了坚实的基础

当他的父亲在1792年去世之后，乔治成为准男爵，继承了家族的产业。这为他提供了财政支持，使得他能够追求包括研究飞行科学在内的丰富多彩的科学兴趣。

上图：凯利设计的滑翔机"可控降落伞"的复制品。这是首架试飞成功的重于空气的飞机。

凯利作为航空学的开创者被世人铭记，但是他的工程学才华却更为广泛。他在陆地排水和土地开垦领域是国家权威人物。他也是一名硕果累累的发明家，设计了自动扶正式救生艇、早期线轮辐、带有卡特彼勒履带的拖拉机、假肢，以及为后来的内燃机提供灵感的火药发动机和热力发动机，他甚至还为其设计的一款滑翔机的飞行员发明了最初的安全带。

凯利建立了航空工程学的基础原理。他主张，飞机设计师为了使重于空气的飞机成功飞行就必须应对四种力：升力、重力、推力和阻力。

凯利将飞机设计的挑战简洁地总结为："通过应用空气阻力，使物体的表面支持既定的重量。"对凯利而言，理论和实践恰似同一枚硬币的正反两面。1799年，他雕刻了一只银盘，一面是固定翼飞机的图案，另一面则是空气的升力和阻力的图案。凯利摆脱了广为传播的利

了不起的工程师

右图：1783年12月，雅克·查理和尼古拉斯·路易斯·罗伯特乘着他们制造的氢气球"查理号"进行了超过两小时的空中飞行，飞行距离长达36千米。

用扑翼产生升力的思想，做出了一个决定性的突破。即使文艺复兴时期的伟大思想家列奥纳多·达·芬奇也曾将鸟类视为人类飞行器的模板。取而代之的是，凯利的固定翼设计依靠向前运动制造升力，这将飞机的推进系统与专门用于产生升力的翼状结构区别开来。他的设计不起作用，仅能依靠飞行员的肌肉力量产生升力，但是理论基础却无可厚非。凯利设计的飞机仅仅缺少一部适当的发电机，这是一个将由未来的航空工程师们攻克的技术挑战。

由于没有切实可行的发动机，凯利开始专心利用实验和数学模型探索飞行力学，从而制造滑翔机。他制造了旋转臂设备，从而对机翼的不同形状和角度进行测试。在当地机械师托马斯·维克的帮助下，凯利制造并且试飞了不计其数的滑翔机模型和原型滑翔机。凯利最初设计的滑翔机是经过改装的风筝，但是后期的版本则因为具有机翼、尾翼和船形驾驶舱而显现出飞机的模样了。

凯利于1809年和1810年通过《尼科尔森期刊》发表了一系列论文，记录了他在数十年的开创性工作中获得的知识。这些论文为后来的航空工程师们提供了宝贵的资源。

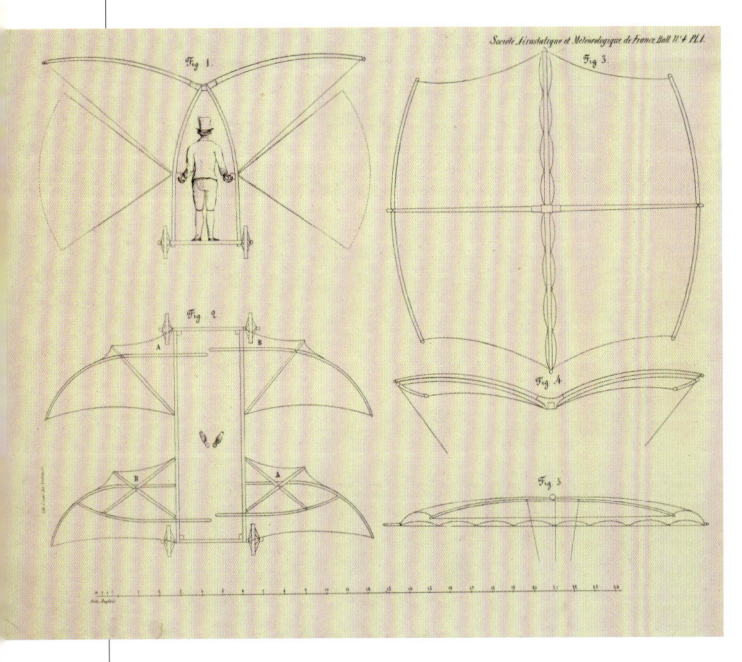

上图：乔治·凯利设计的人力驱动飞行器的设计图——这是他诸多没有付诸实践的理念之一！

乔治·凯利

1853年，80岁高龄的凯利设计制造了最后一架滑翔机，并将其命名为"可控降落伞"。这架滑翔机被拖运到附近的布朗普顿山谷进行试飞。凯利因为年事已高而无法操纵飞机，所以事情最终变成他的马车夫勉为其难地代驾试飞了。尽管马车夫作为操纵重于空气的飞行器飞行的第一人创造了历史，但是他在飞机着陆时意料之中的颠簸之后，毫不犹豫地当场辞职了。斗转星移，滑翔机复制品一次又一次地在当今时代腾空而起，用事实证明了凯利的"可控降落伞"的适航性，它堪称航空工程史上的一座里程丰碑。

了不起的工程师

乔治·史蒂芬逊和罗伯特·史蒂芬逊

蒸汽运输的潜能得到了彻底的发掘。

——托马斯·南克利夫·阿仕顿对乔治·史蒂芬逊设计的铁路的评论，1948年

最高成就

"斯托克顿——达灵顿"铁路线
1825年

动力号蒸汽机车
1825年

火箭号蒸汽机车
1829年

"利物浦——曼彻斯特"铁路线
1830年

"切斯特——霍利黑德"铁路线
1848年

高架桥
纽卡索，1849年

不列颠桥
安格尔西岛，1850年

上图：乔治·史蒂芬逊。

19世纪，乔治·史蒂芬逊和罗伯特·史蒂芬逊父子二人组在英国境内引领了铁路的大规模扩建工程，乔治致力于土木工程和铁路工程，而罗伯特的"火箭号"机车则拉开了客运列车产业的序幕。

举世闻名的"铁路之父"乔治·史蒂芬逊于1781年6月9日在英格兰诺森伯兰郡怀勒姆镇一个以矿业为生的家庭里出生。青年时代的乔治曾经先后做过农场工人和矿工，然后在当地的一家矿场做了司闸员，操纵卷扬机。此外，他在业余时间从事鞋子和钟表的维修工作，以补贴收入。乔治在1802年娶了一位比自己年长13岁的农夫的女儿弗朗西丝·欣德马什，1803年10月16日便产下了一个男婴罗伯特。罗伯特出生三年之后，弗朗西丝便因为肺结核而痛苦地离开了尘世。

1811年，乔治·史蒂芬逊帮助基林沃思高坑煤矿改良了抽水发动机，随后矿场聘请他做了检修工，负责矿场所有发动机的维修工作。在此期间，史蒂芬逊为矿工设计了一款可以在遭遇瓦斯泄漏时保持燃烧状态却不会导致爆炸的安全照明灯。随后他便设计了他的第一辆机车"布吕歇尔号"，这款机车用有凹槽的轮子的摩擦力沿着铁轨行驶。

当史蒂芬逊得知斯托克顿煤矿和达灵顿煤矿之间将会铺设一条长40千米的新铁路时，他建议采用蒸汽机车代替马力驱动的运煤货车，从而实现既能沿着铁路线运输煤炭又能运送乘客的目标。史蒂芬逊于

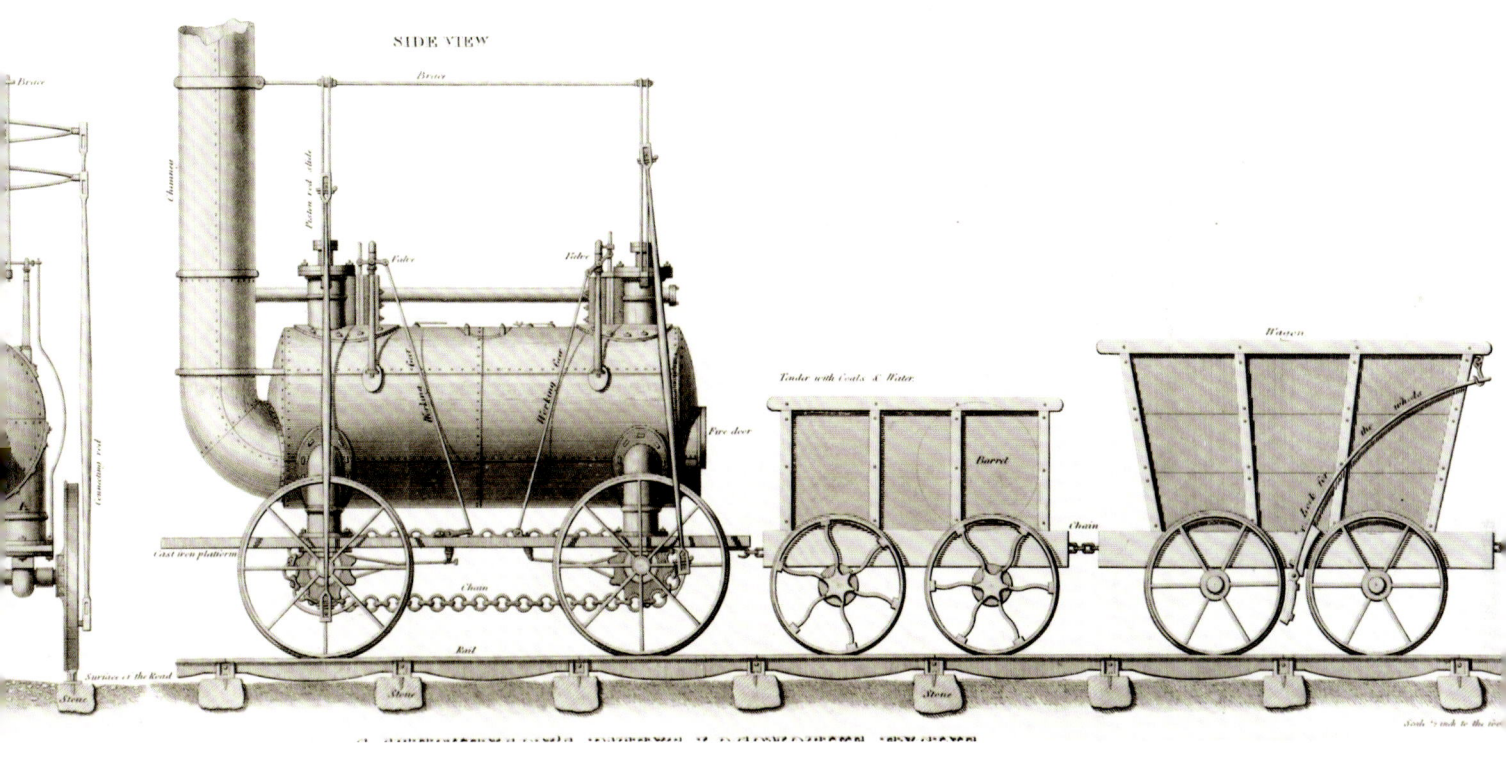

上图："斯托克顿——达灵顿"铁路线使用的机车。

1821年测量了线路，然后创办了罗伯特·史蒂芬逊公司，他18岁的儿子担任经营合伙人，专业从事机车制造。斯托克顿通往达灵顿的铁路线于1825年9月27日开通，乔治·史蒂芬逊亲自驾驶"动力号"蒸汽机车，拖着几节装载着80吨煤炭和面粉的车厢沿着新铺设的锻铁轨道行驶。史蒂芬逊将轨道的轨距设定为1.5米，成为世界上许多国家和地区公认的标准轨距。一节专门为乘客打造的车厢连接在"动力号"机车上，在首航中运送贵宾。大约600名乘客登上了这辆首航的机车——成为第一批乘坐蒸汽机车沿着轨道旅行的乘客。

1年之后，乔治组织了利物浦通往曼彻斯特的铁路线的建筑工程，这个大型土木工程项目用50千米的铁路线连接了英国两个主要都市。这条线路穿过几处危机四伏的泥炭沼泽地带，但是史蒂芬逊通过用枕木和鹅卵石支撑轨道的方式解决了这个问题。

在铺设轨道的工作进行的同时，设计在这条轨道上运行的蒸汽机车的竞标项目也在剑拔弩张地进行着。所有参加1829年"雨山试车选拔赛"的机车必须轻于6吨，并且以16千米每小时的平均速度往返行驶56千米。在参赛的5辆机车中，只有1辆蒸汽机车成功了——由罗伯特·史蒂芬逊在其父亲帮助下设计而成的"火箭号"机车。

利物浦通往曼彻斯特的铁路线耗时4年才竣工。英国首相惠灵顿公爵是出席开幕典礼的许多高官之一，但是这场开幕典礼却因为利物浦的英国下议院议员威廉·哈斯基逊在跨越铁轨时遭机车碾压致死而搞得一团糟。

乔治·史蒂芬逊在余生中继续为铁路扩建

了不起的工程师

下图：罗伯特·史蒂芬逊继承了父亲的遗志，成为一名铁路工程师。另外，他从1847年开始担任惠特比镇的议会议员。

右图：1829年，罗伯特·史蒂芬逊的"火箭号"机车在"雨山试车选拔赛"中获胜，并且以此证明了机车有足够的能力在从利物浦到曼彻斯特的新铁路上运行。史蒂芬逊获得了500英镑的奖金，并且得到了一份生产几辆机车的合同。

出谋划策，而且多数意见都得到了采纳。在他和罗伯特的指引下，莱斯特郡的德比市和利兹市之间、诺曼顿市和约克市之间、曼彻斯特市和利兹市之间、伯明翰市和德比市之间、谢菲尔德市和罗瑟勒姆市之间分别修建了一条新的铁路线。这是由史蒂芬逊父子以及乔治·史蒂芬逊曾经的学徒约瑟夫·洛克和伊桑巴德·金德姆·布鲁内尔（见第88页）在维多利亚时代领导的铁路扩建工程的巅峰时期。铁路建筑师们纷纷从美国远渡重洋到英国观摩乔治·史蒂芬逊的工作。不久之后，史蒂芬逊父子研制的机车便出口到北美洲投入使用。

乔治·史蒂芬逊和罗伯特·史蒂芬逊父子二人双双因为对大不列颠铁路网络的贡献而被授予骑士爵位，但是他们谢绝了。用乔治自己的话来说，他希望自己的名字"朴实无华"[1]。然而，当乔治·史蒂芬逊于1847年退休时，他却接受委任，做了机械工程师学会的第一任会长。1年后，乔治·史蒂芬逊于1848年8月12日在德比郡的切斯特菲尔德市逝世。

在乔治·史蒂芬逊人生的最后10年里，罗伯特·史蒂芬逊因为他设计的铁路而逐渐和他父亲齐名，其中包含几座史无前例的桥梁建筑。在他设

---

[1] 编者注：被授予爵位后，姓名前会增加爵士/女爵（Sir/Dame）以示尊敬。

了不起的工程师

计的诸多铁路线路中，从纽卡斯尔市通往贝里克郡的线路需要架设110座桥梁，其中包括纽卡斯尔市令人过目难忘的高架桥。

就切斯特市通往霍利黑德港的线路而言，罗伯特的任务是设计一座跨越北威尔士大陆和安格西岛之间的梅奈海峡的铁路桥，与托马斯·特尔福德（见第68页）设计的打破纪录的梅奈悬索桥遥遥相望。他怀着惴惴不安的心情完成了这座桥梁的设计工作，因为他此前设计的位于切斯特市附近的铁路桥倒塌了并且造成五人死亡。在罗伯特和志同道合的工程师朋友威廉·费尔贝恩的共同努力下，经过数月的材料测试，这座以矩形锻铁管为材料的不列颠铁路桥的建设工程启动了。竣工后的大桥是一个成功之作，并且保持了120年的正常使用。史蒂芬逊的革命性工程作品，使其得以指导远至加拿大和埃及的筑路工程。

罗伯特·史蒂芬逊于1829年结婚，但是终生没有子嗣。他的妻子于1842年离世，年仅39岁。罗伯特此后未再婚配。在生命中的大多数时光里遭受病痛折磨的史蒂芬逊在1859年被迫入院疗养。他选择抽时间乘游艇放松，但是这种放松模式也由于健康状况进一步恶化而早早终止。1859年10月12日，罗伯特·史蒂芬逊在伦敦的家中去世。当他的棺木被运往威斯敏斯特教堂时，人们一路送行。

乔治·史蒂芬逊和罗伯特·史蒂芬逊父子为世人留下了丰富的遗产，他们设计的蒸汽机车引领了进一步的工程发展。许多由他们设计制造的桥梁和铁路至今仍在使用。

乔治·史蒂芬逊和罗伯特·史蒂芬逊

上图：作为罗伯特·史蒂芬逊设计的"纽卡斯尔——贝里克郡"铁路线的一部分，这座高架桥是第一座跨越纽卡斯尔市和盖茨黑德市之间的太恩河的桥梁。这座经过重新装修之后目前仍在使用的大桥是世界上第一座同时铺设公路和铁路运输线路的大桥。

了不起的工程师

迈克尔·法拉第

> 只要符合自然规律，就没有什么是过于奇妙而无法实现的。就这些事物而言，实验是对一致性的最佳检验方式。
>
> ——摘自迈克尔·法拉第的日记，1849年

最高成就

电磁旋转
1821年

皇家学会每年一度的圣诞节讲座
从1825年开始

发现电磁感应定律
1831年

法拉第圆盘发电机
世上第一台发电机，1831年

灯塔玻璃灯罩
1843年
法拉第唯一获得了专利的发明。

南部海峡灯塔上的碳弧灯
1858年

上图：迈克尔·法拉第。

右图：法拉第在他所做过的最有成效的实验之一中，将两根导线缠绕在一个铁环上。通过其中一条导线发送电流，在铁环中产生感应磁场，这个磁场便会在另一根导线中产生感应电流。

法拉第的电学实验引领了电机和现代电气工程的设计变革，他每年一度的讲座也为新一代科学家和工程师提供了思想源泉。

当迈克尔·法拉第在1791年9月22日出生的时候，电是一种新奇的事物，以至于几乎无人认为它具有实际用途。法拉第出生于伦敦市纽因顿小镇巴兹区的一个育有四个子女的铁匠家庭，身为铁匠的父亲几乎没有劳动能力，法拉第排行老三。14岁时法拉第被家里送去伦敦市布鲁姆斯伯里区师从乔治·里博做了一名书籍装订学徒工。他在此逐渐对书籍的内容和质地产生兴趣，对那些有关科学书籍兴趣尤甚。受到里博关怀的少年法拉第得以将书店后院的一间屋子当作私人实验室使用。

受到顾客威廉·丹斯的邀请，法拉第开始参加因为发现一氧化二氮（笑气）的属性知名的化学家汉弗莱·戴维在皇家学会做的讲座。法拉第边听讲座边做笔记，并将笔记装订成册送给戴维，期望戴维能够因为这份礼物

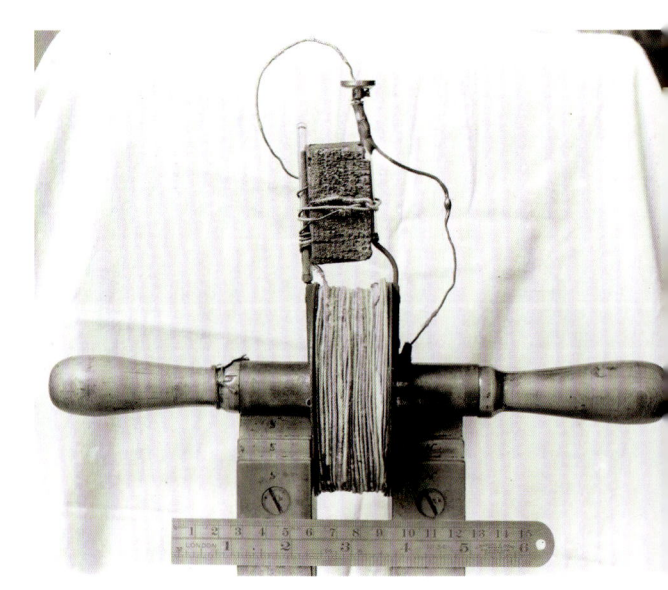

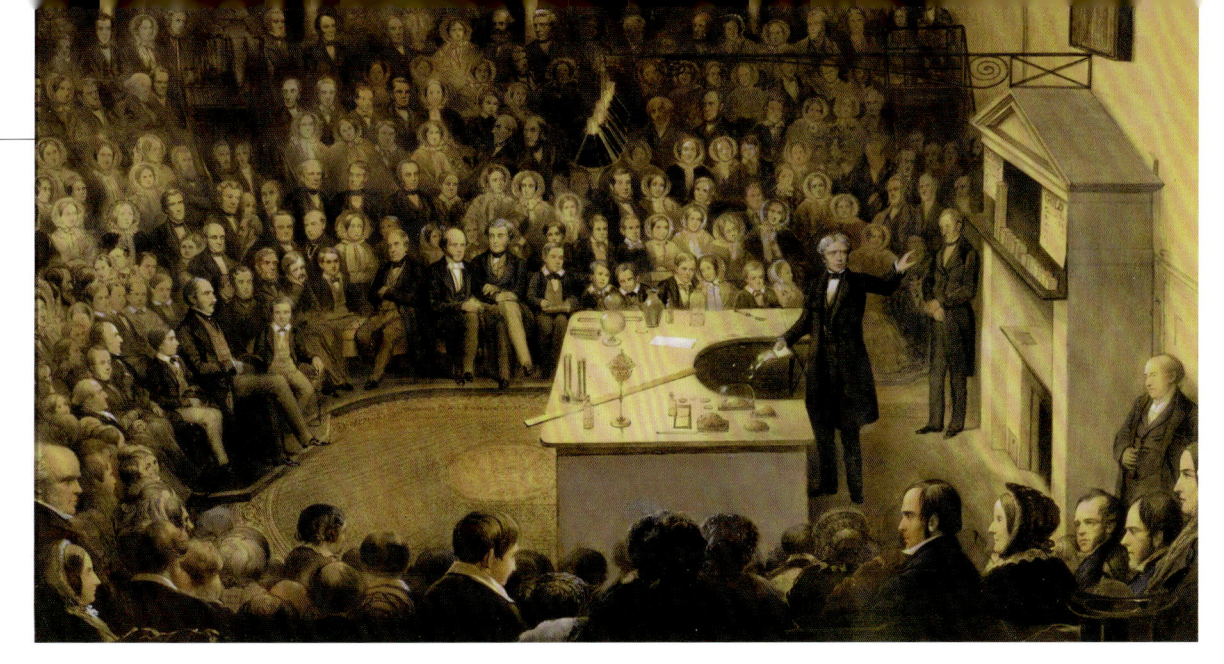

上图：法拉第，作为皇家学会的理事，开创了圣诞节讲座的传统，将科学之光传递给了一代又一代的少年儿童。

而录用他为助理。当助理的职位在1813年空缺了之后，戴维想起了法拉第，并且邀请法拉第陪同他进行欧洲大陆之旅。两人参观了当时的实验室，拜访了安德烈·玛丽·安培和亚历山德罗·伏打等著名科学家，这对崭露头角的科学后生法拉第而言是不可多得的学徒期。

1820年，丹麦科学家汉斯·克里斯蒂安·奥斯特发现，当磁罗盘和电流密切接触时，指针会移动。这个发现为科学界点燃了光明。人们将这种新现象命名为"电磁学"。法拉第受雇戴维对电磁学进行深入研究。他在1821年9月4日发现，将携带电流的导线垂直浸入液态水银时，导线会围绕着磁体旋转。因此，利用电和磁可以产生连续运动，这是后来电动机的原理。

因为法拉第拒绝承认戴维对这一发现的贡献时，戴维安排他的助理对科学仪器的光学镜片从事了6年的毫无意义的研究。10年之后，法拉第在科学领域中取得了另一项重大突破，发现了电磁感应现象。这个发现在当时仅得到了美国科学家约瑟夫·亨利的认可。法拉第证明，可以通过移动磁场的方式产生电流，并且将其描述为"力线"。法拉第的实验使其成功发明了变压器和发电机。

法拉第做出巨大贡献的另一个领域是灯塔技术。他建议采用匀速旋转的照明灯帮助水手确定位置。他也为两座灯塔测试并且安装了电灯。尽管法拉第努力制造的这些系统并不持久，但是却证明了他发明的发电机是具有实用价值的。

继他的导师戴维之后，法拉第开始定期在皇家学会举办讲座。当他晋升为实验室主任之后，他在1825年开创了每年一度在圣诞节那天为孩子们举办讲座的先河，并且亲自做了19场讲座。其中最为著名的讲座题目是"蜡烛的化学史"，他用简单的蜡烛作为话题，对各种各样的科学思想进行了深入浅出的解释。这次讲座的笔记被不断出版，而皇家学会针对大众科学的趣味话题举办讲座的传统则沿袭至今。

年及60之后，法拉第被迫降低了工作量。他开始频繁遭受头痛、晕眩和失忆的折磨，这使他很难清晰地书写。法拉第最后的时光是在维多利亚女皇在汉普顿宫为他提供的公寓中度过的。1867年8月25日，法拉第离开了人世，但是他拉开了电力时代的序幕。世界将会因为法拉第的发现而变成由电力驱动的新科技时代。

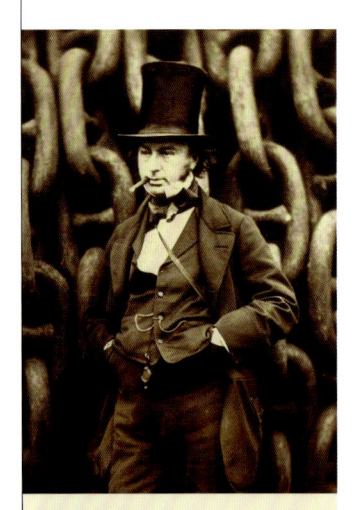

了不起的工程师

伊桑巴德·金德姆·布鲁内尔

> 他的作品的标志性特征在于体积，他接连不断的困扰来自寻求创新……
>
> ——摘自《土木工程师学会会议记录》中的一则讣告，1860年

最高成就

梅登海德桥
竣工于1839年

宝克斯隧道
宝克斯山，威尔特郡，
1841年

布里斯托尔寺院草原站
1841年

英国大西部铁路线
从伦敦通往布里斯托尔的铁路线
1841年

泰晤士隧道
1843年

大东方号铁船
1858年

皇家阿尔伯特桥
1859年

克里夫顿悬索桥
这座桥梁由土木工程师学会于1864年建成，以此向布鲁内尔致敬。

上图：伊桑巴德·金德姆·布鲁内尔。

右图：泰晤士隧道是一个工程学奇观，竣工后便成了伦敦市的著名旅游胜地。在隧道开放当天，五万人步行穿过隧道。

伊桑巴德·金德姆·布鲁内尔是维多利亚时期最杰出的工程师之一，也是一位怀着才华、欲望和决心永无休止地推动着世界向现代化发展的创新者。布鲁内尔在桥梁、隧道、码头、高架桥、铁路和轮船的建设过程中采用了新的方法，也倾注了源源不竭的精力。他主要因为设计建造了多条铁路线并且因此革新了运输网络而使世人铭记于心。19世纪，铁路系统改变了人们的日常生活，对当时社会的影响唯有当今的因特网产生的影响可媲美。

伊桑巴德·金德姆·布鲁内尔于1806年4月9日出生在英格兰港口城市朴茨茅斯。他是法国移民工程师兼发明家马克·布鲁内尔的小儿子。伊桑巴德自幼便受到父亲的熏陶，向着工程学的事业方向发展。少年伊桑巴德从4岁时起便学习素描，然后接受了他父亲能提供的最好教育。他被父亲送往法国的学校学习彼时最为先进的数学课程。完成学业之后，伊桑巴德跟随一名顶级钟表制造师做了一段短期学徒工，然后便于1822年返回不列颠参加工作。

当伊桑巴德作为父亲的助理工程师参加伦敦泰晤士隧道的挖掘工程时，他只有20岁。马克·布鲁内尔发明了一种能够在不稳定的河床沉积物中挖掘隧道时起保护作用的隧道盾构法。但是即便采用盾构法，泰晤士隧道的挖掘工程依然危机重重。隧道被水淹过两次，而且

伊桑巴德·金德姆·布鲁内尔

第二次导致六人死亡,只有伊桑巴德在昏迷中被人从水中救起。最终,伊桑巴德从父亲手中接管了泰晤士隧道挖掘工程的管理工作。当泰晤士隧道在1843年开放时,它成为世上首条水下隧道。

当伊桑巴德经历过泰晤士隧道的溺水事件之后,他在布里斯托尔疗养了一段时间。在此期间,不知疲倦的伊桑巴德竞标了一个在埃文峡谷上建造桥梁的项目。他设计的克里夫顿悬索桥中标了,这还是在身为评委的工程竞争对手托马斯·特尔福德(见第68页)持反对意见的情况下。遗憾的是,由于资金短缺,这座桥梁直到布鲁内尔去世之后才竣工。但是这位志向远大的青年工程师却以其首个大型独立设计证明了自己的才华。此外,他在布里斯托尔居留的日子也为他提供了重建当地码头的机会,这是他一生中建造的首个码头。

当布鲁内尔在1833年被委任为英国大西部铁路线的总工程师时,他的事业开始腾飞了。他负责这个当时世上最宏伟的铁路建设项目时只有27岁。伊桑巴德昼行夜眠地乘坐着一辆被他视为移动办公室的马车,亲自考察了整个项目的路线。为了能够以最小的坡度建造这条铁路线,布鲁内尔沿途建造了许多桥梁、隧道和高架桥。其中某些建筑是开创性的工程项目。他在梅登海德镇建造的跨越泰晤士河的桥梁所采用的两个砖质桥拱是当时最为平坦的桥拱结构。宝克斯隧道全长约为3千米——刷新了当时隧道的长度纪录。这条隧道采用1500名雇用工以烛火照明和两班倒的方式夜以继日地工作

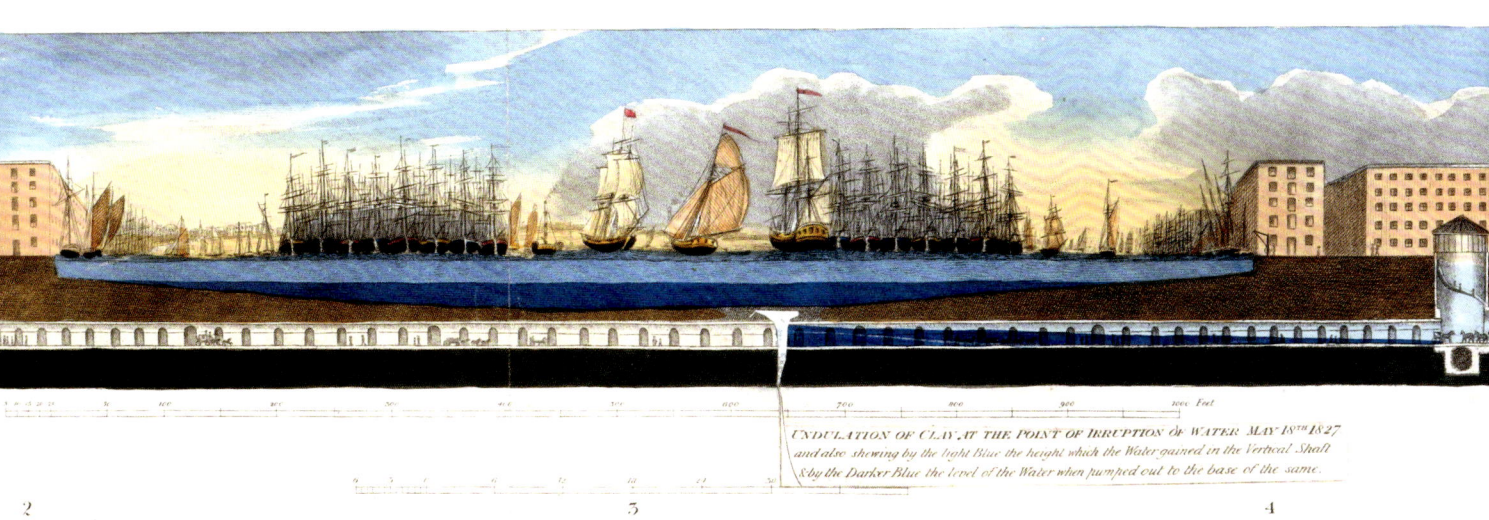

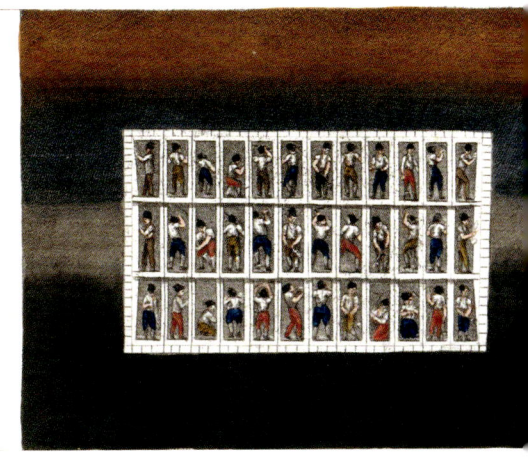

了不起的工程师

了5年才竣工。由于布鲁内尔的计算非常精确，这两条分别从河岸两侧挖掘的隧道在通过坚固的河底岩层之后几近完美地合二为一了。

布鲁内尔设计的铁路存在一个富有争议的问题，即轨道采用较宽的轨距进行铺设。他将铁路的轨距设置为2米，相对于史蒂芬逊已经设定的较窄轨距的铁路（见第80页）而言，会使火车通行得更加平稳。这两种都试图在大不列颠境内进行扩张的轨道标准之间的竞争，史称"轨距之战"。最后，布鲁内尔的宽轨距标准

右图：包括英国大西部铁路线在内，布鲁内尔在不列颠、爱尔兰、意大利和东孟加拉共修建了超过1900千米的铁路。

左图：布鲁内尔采用独特的管状设计建造了横跨塔马河的皇家阿尔伯特桥。这座桥梁作为英国大西部铁路的一部分，将德文郡和康沃尔郡连接起来。

伊桑巴德·金德姆·布鲁内尔

以失败告终，但是他修建英国大西部铁路线的伟大成就却是个无可争议的成功。英国大西部铁路线也是他努力工作的决心和能力的证明。除了处理铁路工程方面的挑战，布鲁内尔也必须解决社会和政治方面的麻烦。他必须安抚公众对高速铁路的恐惧，也必须战胜来自马车公司和运河公司等既得利益集团以及不想让铁路驶过田产的土地所有者的阻挠。

布鲁内尔在掌控了不列颠西部的铁路系统后，开始试图通过轮船将运输范围拓展到大西洋对岸。他当时怀着的理念是，旅客可以在伦敦境内乘坐英国大西部铁路线的列车，然后乘船前往美国纽约。怀着这个运输网络的整体构想，他建造了一些史上最具革命性的船舶。大西方号轮船是第一艘巨型明轮蒸汽船，也在1838年首航时成为当时最大的客船。随后，大不列颠号轮船于1843年问世，成为世上第一艘采用螺旋桨推进器驱动的铁壳船体远洋客轮。

1858年，布鲁内尔建造了大东方号铁船，使其成为超越前文提及的两艘巨轮的最大轮船。

了不起的工程师

大东方号铁船的设计载重量为,在不必半路补充燃料的情况下可运送4000名英国离港乘客至澳大利亚。然而,由于研发资金的节节攀升以及技术故障和事故的频频出现,大不列颠号轮船和大东方号铁船的航行能力都没有能够达到初衷。无比硕大的大东方号铁船的建造工程成为布鲁内尔的最后一项大型项目。在大东方号铁船首航秀之后不久,布鲁内尔便患了中风,10天之后于1859年9月15日离世,享年53岁。

布鲁内尔是一名擅长对大规模建筑工程进行宏观思考和施工的工程师。从大型铁路及配套基础设施至超越以往尺度的巨型轮船,布鲁内尔负责的诸多工程项目都映衬出了他内心的远大宏图。但是无论在技术方面或者在资金方面,他的职业生涯中都曾经出现过一些失败。他在1847年开通的实验性大气铁路在1年之后由于技术问题而被迫放弃,他所经营的轮船公司也经常在破产的边缘摇摆。但是对于在一切皆有可能的科技前沿工作的工程师而言,种种挫败都是有可能发生的情况。如今,布鲁内尔被公认为蒸汽时代的偶像级工程师,作为科技革命中的领军角色开创了现代世界。

右图:尽管布鲁内尔设计的硕大无比的大东方号铁轮作为客轮是一种商业性失败,但是后来在铺设世上首条跨大西洋电报电缆时发挥了作用。

伊桑巴德·金德姆·布鲁内尔

了不起的工程师

约翰·奥古斯都·罗布林、华盛顿·奥古斯都·罗布林和艾米莉·沃伦·罗布林

最高成就

布鲁克林大桥
纽约，1883年

上图：约翰·奥古斯都·罗布林。

致布鲁克林大桥的建造者们。纪念艾米莉·沃伦·罗布林。在她的信念和勇气的支持下，她那倍受打击的丈夫华盛顿·奥古斯都·罗布林上校得以继承他父亲倾注一生的遗志，完成了约翰·奥古斯都·罗布林设计的布鲁克林大桥。

——摘自布鲁克林工程师俱乐部于1931年为布鲁克林大桥所立纪念碑

下图：建设中的布鲁克林大桥。

1883年5月24日，美国总统和纽约州长为布鲁克林大桥的开通仪式剪彩，现场人头攒动，成千上万的游客从四面八方慕名来到现场，观看这座现代工程奇观。大桥开通之后的24小时内，大约250000人通过这座桥梁凸起的步道渡过了东河。一个多世纪之后，这座地标性桥梁依然稳如磐石，每天承载十多万辆汽车和数千行人过河。

约翰·奥古斯都·罗布林是设计布鲁克林大桥的土木工程师。约翰出生于普鲁士，在柏林学习了建筑学、工程学和桥梁建筑，然后移民到了美国。做了一段时间农夫之后，约

约翰·奥古斯都·罗布林、华盛顿·奥古斯都·罗布林和艾米莉·沃伦·罗布林

左图：华盛顿·罗布林。

的悬索桥，钢丝的强度为这座桥梁成为规模宏伟的建筑项目提供了重要条件。然而，天有不测风云，一场致命的事故使约翰·罗布林含恨而终，没能亲眼看到他设计的梦幻般的桥梁竣工。当他进行现场测量时，他的脚遭到一艘驶过的渡船碾压。罗布林拒绝了常规医疗救治，导致他患上了破伤风，仅过了三周便去世了。

约翰·罗布林的长子华盛顿一直担任父亲的助理。父亲去世后，华盛顿被任命为布鲁克林大桥建筑工程的总工程师。此时的华盛顿本身就已经是功勋卓著的工程师了。华盛顿在纽约学习了工程学，后来在美国南北战争期间为联合军建造了几座悬索桥。战争结束之后，华盛顿娶了艾米莉·沃伦为妻，然后便跟随父亲老罗布林参与了一系列大型悬索桥工程项目。此前，他曾经旅居欧洲学习过气压沉箱技术。气压沉箱是为了在水下建造桥梁地基而制造的充满压缩空气的大型底部开放式箱型结构体。

1870年，位于布鲁克林区的悬索塔开始动工了。两个沉箱之一被投放到河床上，几队工人开始挖掘泥土，然后建造桥梁地基。随着挖掘工程的深入，气压条件逐渐变得更加恶劣。工人们开始遭受"沉箱病"的伤害。如今，潜水员称其为"潜涵病"，这是一种由于从水下返回水面速度过快而形成的危险情况。1872年，几

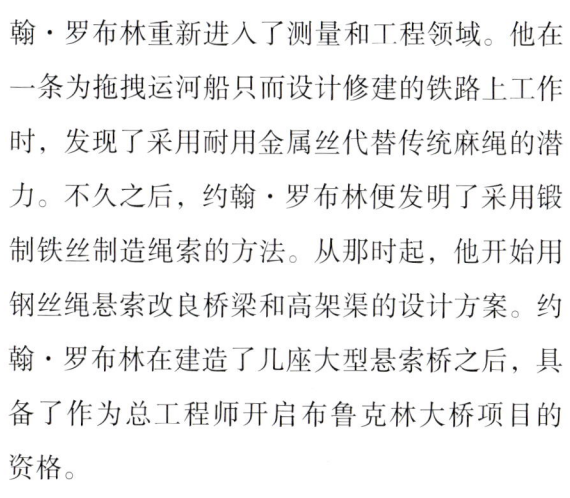

翰·罗布林重新进入了测量和工程领域。他在一条为拖拽运河船只而设计修建的铁路上工作时，发现了采用耐用金属丝代替传统麻绳的潜力。不久之后，约翰·罗布林便发明了采用锻制铁丝制造绳索的方法。从那时起，他开始用钢丝绳悬索改良桥梁和高架渠的设计方案。约翰·罗布林在建造了几座大型悬索桥之后，具备了作为总工程师开启布鲁克林大桥项目的资格。

约翰·罗布林想到了一个将斜拉桥和悬索桥的元素融合在一起的开创性复合设计方案。布鲁克林大桥将成为世界上第一座用钢丝建造

了不起的工程师

个工人因为沉箱病丧生，华盛顿也因为沉箱病而使身体状况严重受损，命悬一线。

尽管华盛顿得救了，但是他的健康状况却每况愈下。从此以后，华盛顿几乎闭门不出，却拖着病重的身体继续作为总工程师居家指挥全局，他将一批批详细的施工方案下发给几位助理，然后再从助理手中接收反馈报告。艾米莉在住处和桥梁之间往返传递信息。不久之后，她便与这座桥梁的技术问题、后勤问题和政治问题产生了千丝万缕的关联。当建筑工程有了阶段性成果之后，罗布林一家人搬到了距离布鲁克林大桥更近的地段居住，如此华盛顿便可以透过窗户观测桥梁的施工进程。日子一天天过去，两座使用花岗岩和石灰岩为石材的85米高的悬索塔从滔滔河水中拔地而起，支撑起了跨过东河的架空钢索。四条粗壮的钢缆穿过悬索塔上的支点，稳稳地固定在东河两岸。钢丝从架空钢缆上垂下，悬吊着桥面，从而承载渡河的交通。在超过13年紧锣密鼓的施工之后，布鲁克林大桥终于竣工了。

1883年，在大桥开通典礼当天，艾米莉·罗布林当仁不让地乘坐着第一辆马车穿过了布鲁克林大桥。她捧着一只公鸡，作为胜利的象征。这不仅是一个来之不易的胜利，而且是罗布林一家人同心协力多年之后才实现的跨越东河的大桥之梦。布鲁克林大桥首尾两端的长度共计1825米是当时最长的悬索桥，也是堪称世界第八大奇观的工程学杰作。

上图：艾米莉·沃伦·罗布林。

右图：1972年，位于纽约市的布鲁克林大桥被美国土木工程师学会认定为历史土木工程地标性建筑。

约翰·奥古斯都·罗布林、华盛顿·奥古斯都·罗布林和艾米莉·沃伦·罗布林

了不起的工程师

约瑟夫·巴泽尔杰特

他将河流连接了起来。

——译自约瑟夫·巴泽尔杰特纪念碑上的拉丁文，伦敦，1901年

最高成就

德普特福德泵站
1864年

伦敦下水道系统
1865年

阿尔伯特堤岸
1869年

阿尔伯特桥
1884年

普特尼桥
1886年

哈默史密斯大桥
1887年

贝特西大桥
1890年

上图：约瑟夫·巴泽尔杰特。

右图：在克罗斯内斯建造的大型蓄水池的容积足够承载1.2亿升污水，这些污水可以保存到退潮时再随着泰晤士河口的潮水排放到海水中进行自然净化。

约瑟夫·巴泽尔杰特在19世纪初期对伦敦市的下水道系统进行了大规模的重建工作，这不仅改变了首都的城市布局，而且拯救了成千上万的人免遭霍乱的威胁。

约瑟夫·巴泽尔杰特于1819年3月28日出生于伦敦北部恩菲尔德地区的一个法裔家庭。他的父亲名字也为约瑟夫，是一名在拿破仑战争中负伤的皇家海军上尉。约瑟夫早年的生活无从考证，只有资料表明他于1835年在北爱尔兰开始了卓尔不凡的工程职业生涯。在爱尔兰土木工程师约翰·麦克尼尔爵士的指导下，巴泽尔杰特参与了陆地排水工作，这为他未来的事业打下了良好的基础。7年之后，巴泽尔杰特开始以咨询工程师的身份为伦敦市下属的威斯敏斯特区提供服务。然而，铁路相关的超额工作所带来的种种压力影响了巴泽尔杰特的健康，所以他选择了退出。

19世纪上半叶，伦敦人口几乎实现了倍增，给陈旧的下水道系统增加了压力。多数人类排泄物将泰晤士河视为了排污途径，这使泰晤士河一度成为世界上污染最严重的水道之一。尽管河水污秽不堪，但是却被作为清洁水源使用，甚至为大多数人提供生活饮用水。这对公共健康产生了毁灭性的影响，水源携带的霍乱等污染，造成了成千上万的死亡事件。婴儿死亡率攀升至20%，市民预期寿命降低至30岁以下。1848年至1849年，

约瑟夫·巴泽尔杰特

14000多名伦敦人死于霍乱暴发。

1858年，泰晤士河中散发出了"大恶臭"，即使威斯敏斯特宫也不能幸免于难，这导致人们不得不将窗帘卸下来放到氯化钙中浸泡，以消除臭气。英国政府被迫采取行动。巴泽尔杰特被任命为伦敦大都会工作委员会的总工程师，并且获得了大量资金支持以对伦敦陈旧不堪的下水道系统进行改良。

巴泽尔杰特的计划是建造一个全新的地下系统，将城市污水通过地下引流到泰晤士河口的厄里斯沼泽地区。这个网络需要采用3.2亿块砖头从东至西建立四个新的泵站、2100千米的下水管道和131千米截流污水管。当污水到达厄里斯沼泽地区时，会暂时储存在贮水池中，待潮落时

了不起的工程师

上图：巴泽尔杰特在伦敦东部地区的阿比米尔斯建造的泵站堪称建筑奇观。阿比米尔斯泵站设有华丽的铁质拱门和楼梯扶手、摩尔风格的烟筒和塔楼——人称"下水道大教堂"。

才会释放到泰晤士河里，然后被海浪冲走而远离喧嚣的都市。这个系统于1865年由威尔士亲王爱德华正式启动，历经10年才得以完工。

当时，人们认为，霍乱是以瘴气的形式通过空气传播的，通过地下管道排放污水可以防止臭气感染民众。所以，避免与污水接触有助于防止疫情进一步暴发。

巴泽尔杰特认为伦敦的人口数量将会继续增长，所以怀着远见将排污管的直径扩大为建议直径的两倍。毋庸置疑，巴泽尔杰特的预见是明智的，他设计的下水道系统在之后100多年里都满足了首都的需求。

巴泽尔杰特不仅掌控着伦敦地下排水管道，他也对地面布局进行了重新勘测。巴泽尔杰特下令对泰晤士河两岸的陆地进行改造，修建了三条新的堤岸：阿尔伯特堤岸、切尔西堤岸和维多利

右图：位于维多利亚堤岸的巴泽尔杰特纪念碑。

约瑟夫·巴泽尔杰特

了不起的工程师

亚堤岸，以此对河水流量人为限制。位于威斯敏斯特附近长2千米的维多利亚堤岸内还建了一段地下通道和一段地下铁路。这个工程也有助于城市交通的运行，并且额外提供了大约21公顷的土地。此外，巴泽尔杰特还分别在泰晤士河沿岸的巴特西区、哈莫史密斯区和帕特尼区设计了三座跨越泰晤士河的新桥梁，并且对3000条新建街道的规划工作进行了监督。就改变城市的版图和居住条件而言，几乎没有几位工程师能够像巴泽尔杰特那样受到如此之多的赞扬。

约瑟夫·巴泽尔杰特于1874年获得骑士封号。继托马斯·特尔福德（见第68页）和乔治·史蒂芬逊（见第80页）之后，巴泽尔杰特于1884年被任命为土木工程师学会会长。巴泽尔杰特于1891年3月15日去世。届时，伦敦市民已经不用担心霍乱了，他们能够毫无困难地深呼吸了。

右图：巴泽尔杰特在伦敦设计了三条新的堤岸，这使泰晤士河边的土地得到了开拓。维多利亚堤岸是内部嵌有两个公共花园的景观堤岸。

约瑟夫·巴泽尔杰特

了不起的工程师

尼古拉斯·奥托

他的职业生涯是毅力和活力、技术和独创性融为一体的成功典范。

——《工程学》期刊就尼古拉斯·奥托的逝世发布的讣闻，1891年

最高成就

第一台汽油发动机
1861年

四冲程发动机的早期实验
1862年

大气发动机
1864年

创办了世上首个发动机工厂
1864年

大气发动机巴黎世界展金奖
1867年

研发四冲程发动机
1876年

发明了电子打火装置
1884年

上图：尼古拉斯·奥托。

右图：尼古拉斯·奥托研制了第一台采用液态燃料驱动的四冲程发动机。他一生共销售了50000多台此类发动机。

尽管尼古拉斯·奥格斯特·奥托没有接受过技术培训，但是他成功设计了一款依靠液态燃料驱动的内燃发动机。作为工业发动机，他的设计取代了蒸汽机，销售了数万台。

尼古拉斯·奥格斯特·奥托于1832年6月10日在莱茵河畔的德国山村霍尔扎乌森出生。他身为邮政局长的父亲在他出生数月之后便去世了。在母亲的照料下，少年尼古拉斯在学校取得了优秀的成绩，而且准备接受技术教育。但是，时值德国经济萧条，他被迫走上了经商之路。

毕业之际，奥托在一家零售店做了一段时间的售货员，然后辗转到了法兰克福和科隆，从事一份销售工作，为德国西部地区的商店提供进口茶叶、糖和厨具。在作为销售代表周游的日子里，奥托对发动机产生了兴趣。在边境线另一侧的法国，工程师艾蒂安·勒努瓦刚刚研发出了第一台可以做功的内燃发动机。这台内燃机的工作原理和蒸汽机类似，但是区别在于，它的活塞是由空气和煤气

的混合物在气缸内燃烧的方式驱动的。尽管勒努瓦的设计可以做功，但是并不实用。这台机器散发的热量太大，而且燃料必须用气态形式输送。事实证明，它的工作成本过于昂贵。奥托开始构思一款采用液态燃料工作的改良版内燃发动机。

尽管奥托没有接受过技术教育，但是他在1861年制造出了第一台汽油驱动的发动机。1864年，奥托在和生产商欧根·兰根达成合作，之后便开始对他的设计进行研发了，并且3年之后在1867年巴黎世界展览会上将设计产品呈现给了世人。奥托——兰根发动机以其效率为评委组留下了深刻的印象，并且斩获了金奖。

这一战果使奥托的内燃发动机的需求量激增，但是他的公司产能不足，以致产品供不应求。尽管奥托和来自汉堡的商人路德维希·奥古斯特·罗森·朗格达成了另一份合作关系，但是发动机的产量依然无法满足客户需求。最后，兰根设法取得了包括自己的几个兄弟在内的更多投资商的信任，支持这个项目。一家新的公司——道依茨燃气发动机厂——在1872年1月开始对外销售奥托的产品。在兰根为这家公司雇用员工时，戈特利布·戴姆勒（见第110页）和威廉·迈巴赫被录用了。

由于奥托采用四冲程的高水平设计使发动机的性能得到了大幅提升，道依茨燃气发动机厂一跃成为世界第一的发动机生产商。尽管法国工程师阿尔方斯·博·德·罗查斯在1862年就对四冲程发动机的理念申请了专利，但是奥托却是第一个在现实中成功研制四冲程发动机的人。在四冲程发动机中，燃烧的循环过程是通过活塞的四个完整冲程完成的。当活塞下行时，空气和燃油的混合物被吸入气缸。在第二个冲程中，混合物受到活塞压缩。在第三个冲程中，混合物被点燃。在第四个冲程中，活塞将废气排出。十年之内，这种名为奥托发动机的机器销出30000台。

上图：1964年，德国发行一枚邮票，纪念奥托发明第一台内燃发动机100周年。

奥托发现，一旦阿尔方斯·博·德·罗查斯的产品问世，就很难对自己的设计进行专利保护了。而且时至1889年，已经有50多家公司在生产自己的四冲程发动机了。照比蒸汽机而言，奥托设计的发动机更加轻巧，而且在保持机器运行方面更加节省人力。但是奥托对于将发动机应用于运输领域似乎不太感兴趣，取而代之的是，多数发动机被安装在工厂。时代需要新的灵感火花开拓疆域。戴姆勒和迈巴赫离开道依茨燃气发动机厂7年后，在1889年将四冲程发动机安装到一辆马车的车厢中，创造了世界上第一辆四轮汽车。1年之后，第一辆戴姆勒汽车开始销售。

1891年1月26日，奥托在科隆去世。尽管经历了残酷的竞争，奥托却在生前赢得了巨额财富，并且为后世留下了发明，推动了汽车产业的发展。

了不起的工程师

威廉·勒巴隆·詹尼

摩天大楼之父。

——委员会对詹尼建造的家庭保险大厦的评论，1931年

最高成就

第一拉埃特大厦
芝加哥，1878年

家庭保险大厦
芝加哥，1885年

曼哈顿大厦
芝加哥，1891年

拉丁顿大厦
芝加哥，1891年，国家历史地标性建筑

纽约人寿保险公司大厦
芝加哥，1894年

园艺建筑
世界哥伦比亚博览会
芝加哥，1893年

上图：威廉·勒巴隆·詹尼。

右图：位于芝加哥的家庭保险大厦被视为彼时最重要的建筑，也是美国历史上最重要的建筑之一。可惜的是，这座开拓性的建筑在1931年被拆除了。

　　工程师兼建筑师威廉·勒巴隆·詹尼熟悉材料且长于设计，建造了世上第一座"摩天大楼"，从而将芝加哥的城市天际线提升到了新的高度。

　　詹尼于1832年9月25日在美国马萨诸塞州的一座小城费尔黑文出生。他的父亲成功地经营着一支捕鲸船队。得到家庭财富的支持，詹尼受到了良好的教育。他先在安多佛市的菲利普斯中学学习，然后于1849年移居到了西海岸，加入了加利福尼亚的淘金热潮。

　　1年之后，圣弗朗西斯科遭到大火围城，多数木质建筑被损毁。詹尼亲眼见证了城市在更加有耐性的砖质结构中重生。他对建筑学和工程学的迷恋被菲律宾和南海的旅程进一步点燃。他倾心于用轻盈、柔韧的竹质框架建造的能够抵抗热带风暴的当地建筑。

　　1851年，詹尼开始了工程学的事业。他回到美国之后，被哈佛大学录取了。但是由于对课程质量不满意，他远赴培育出一波具有现代思维的工程师的法国接受了培训。詹尼在法国的巴黎中央理工学院研究了设计师让·尼古拉·路易·迪朗颇具影响力的建筑项目，对最新的用铁建筑的思想越发熟悉起来。他比同班同学古斯塔夫·埃菲尔晚一年毕业（见第109页）。

　　毕业之后，詹尼立刻作为一名工程师将其在海外所学在一家墨西哥的铁路公司施展出来，然后为法国军队设计了一个机械面包厂。1861年，美国南北战争爆发，詹尼停业从戎，作为一名工程学军官投

THE CHICAGO BUILDING OF THE HOME INSURANCE CO. OF NEW YORK

身到尤利西斯·辛普森·格兰特将军的帐下效力。在联合军服役的6年间，他逐渐晋升为总工程师，负责设计防御工事，并且获得了令其余生一直珍视的少校军衔。

战争结束之后，詹尼于1868年步入了婚姻殿堂，同年移居到芝加哥创办了自己的建筑工作室。两年之后，他成功竞标到一份设计西芝加哥公园系统的合同，以三座公园、几条宽阔的林荫路、数处草坪和数座喷泉为城市注入了

上图：始建于1891年的曼哈顿大厦是美国历史上的第一座16层商用楼。这座大厦是现存的最古老的采用金属框架支撑楼梯的摩天大楼。

生机。

无独有偶，在圣弗朗西斯科大火之后，芝加哥也于1871年被大火吞噬——这座美国第四大城市中9平方千米的区域化为灰烬。芝加哥急需詹尼的公司帮助实施城市的重建工作，詹尼也因为他别具一格的建筑风格而声名鹊起。

自1878年开工的第一拉埃特大厦始，詹尼便采用铁柱取代传统的木头和砖石为建筑物搭建框架。由于詹尼建造的大楼采用更加轻盈的材料取代承重墙，所以楼体能够嵌入更多窗户，也能叠加更多楼层。第一拉埃特大厦也因为另一个原因而具有前瞻性意义。它嵌入了伊莱沙·格雷夫斯·奥的斯在彼时的最新发明——能够在楼层之间移动并且带有安全闸的电梯。

詹尼设计的于1885年开放的家庭保险大厦是另一个为建造摩天大楼奠定基础的开创性工程。它是美国历史上第一座内外均使用了防火钢铁梁柱框架建筑。尽管按照当今的标准11层楼高的家庭保险大厦并没有多出众，但是它却被视为美国历史上的第一座摩天大楼。詹尼的业务不断发展，唯一的方向就是天空。他继续采用钢铁结构设计了芝加哥的曼哈顿大厦，这座于1891年竣工的大楼成为美国历史上第一座16层商用建筑。

73岁时，詹尼不得不因为健康问题退休。他的最后一个项目是位于伊利诺伊州的维克斯堡战场纪念碑。这个项目会让他回想起自己在南北战争时期的从军岁月。遗憾的是，他没有来得及看到项目竣工便于1907年6月15日在加利福尼亚州的洛杉矶逝世了。他的遗产，连同许多由他指导和鼓励的建筑设计师所设计的作品，依然刻绘着美国北部的天际线，芝加哥尤甚。

傲然耸立的人间奇才

另一位从巴黎中央理工学院毕业的闻名世界的学生是古斯塔夫·埃菲尔（1832—1923年）。1886年，法国将自由女神像作为礼物送给了美国，这座雕像的锻铁骨架是由埃菲尔设计的。后来，他因为在1889年为纪念法国革命100周年设计的铁塔而一跃成名。尽管当地人最初对埃菲尔建造的铁塔怀有敌意，但是埃菲尔铁塔却成为巴黎最著名的象征。

左图：埃菲尔铁塔的建设工程耗时两年，共用6600吨熟铁。这座铁塔的设计使用寿命仅是20年，然后便需拆除。但是它却因为人们对它的喜爱程度而屹立了一个多世纪之久。

了不起的工程师

戈特利布·戴姆勒

要做，就做最好的。

——戴姆勒的座右铭

最高成就

内燃机
1883年

坐骑车——第一辆机动车
1885年

四冲程发动机
1889年

第一辆梅赛德斯
1900年

上图：戈特利布·戴姆勒。

右图：戴姆勒和迈巴赫的坐骑车（1885年）被公认为世界上第一辆机动车。这辆以木质自行车为基础构架的机动车采用一台置于座椅下方的内燃发动机为车轮提供动力。

戈特利布·戴姆勒，协同伙伴威廉·迈巴赫，设计制造了世界上第一辆采用汽油驱动的四轮汽车，开创了我们今天所熟知的汽车产业。

戈特利布·戴姆勒于1834年3月17日在德国绍恩多夫市的村庄黑尔加塞出生。他本可以通过继承父亲的脚步轻而易举地成为一名出色的面包师。然而，他却在学校里对机械产生了兴趣。14岁时，他作为军械学徒工开始了为期4年的训练，然后升入了斯图加特工业艺术高级培训学校研习工程学。他是一名勤勉的学生，身体力行地在周末参加各种业余学习班。在导师的帮助下，戴姆勒参与了铁路蒸汽机车的制造工作。然而，他心知肚明的是，蒸汽机正在退出历史舞台。

戴姆勒移居到英格兰，为约瑟夫·惠特沃斯爵士在考文垂开办的工厂工作了一段时间，然后又搬至法国和比利时。最终，他在1863年返回德国，在布鲁德豪斯鲁特林根的工程工厂从事了一份车间检测员的工作。他就是在这里遇见了父母双亡的少年工程师威廉·迈巴赫，后来两人共同奋斗了很多年。

1872年，使尼古拉斯·奥格斯特·奥托设计的四冲程内燃机得到广泛应用的合作生产商——道依茨燃气发

动机厂——聘用戴姆勒为技术经理（见第105页），同时聘请迈巴赫担任总设计师，两人自此开启了合作伙伴关系。戴姆勒在道依茨工作了10年，从未休过一个假期，但是却就发动机的设计问题和工厂的管理层发生了争执。戴姆勒无法使尼古拉斯·奥托相信轻量四冲程发动机在驱动交通工具领域的潜力。

1882年，戴姆勒和迈巴赫双双辞职，然后建立了他们自己的公司。二人将戴姆勒位于坎斯塔特的房子的后院大棚改建成了简陋的车间，在

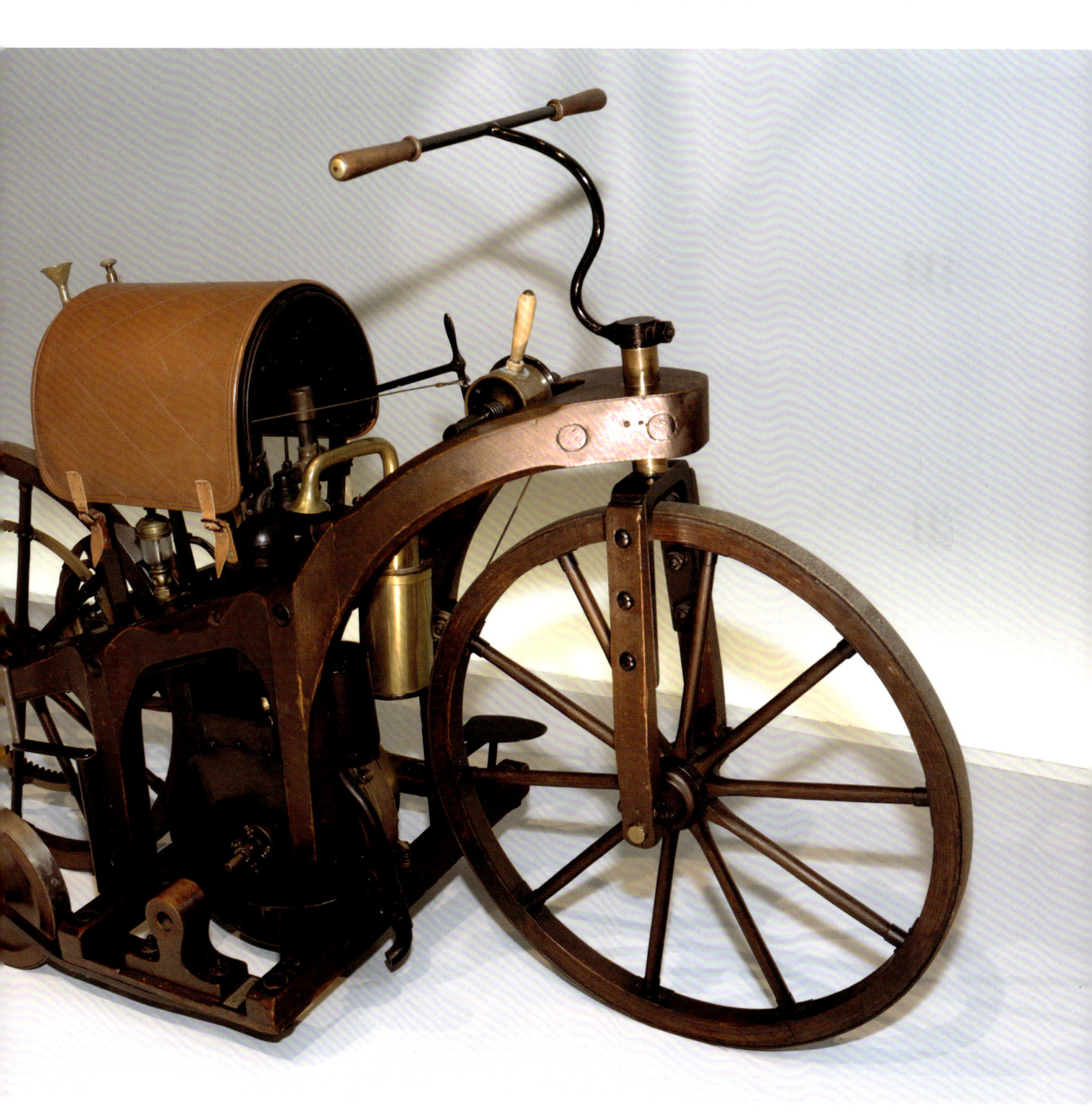

了不起的工程师

左图：尽管戈特利布·戴姆勒痴迷于设计汽油驱动的车辆，但是传闻他本人厌恶自驾。在这张摄于1886年的照片中，是由他的儿子保罗操纵着第一辆四轮戴姆勒汽车的方向盘的。

"奔驰一号"证实了汽油动力汽车的可行性。戴姆勒当机立断，订购了一节四座马车车厢，并为其安装上他和迈巴赫共同研制的发动机和方向盘。"祖父钟"发动机通过一个带状传动系统操纵车厢的后轮旋转，以16千米/小时的最高速度驱动了世界上第一辆四轮汽油动力汽车。

随后，戴姆勒和迈巴赫继续在有轨电车、飞艇和轮船等交通工具中对他们设计的发动机进行了测试。二人的成功赢得了大量交通工具引擎的订单，船用引擎尤甚。他们在坎斯塔特郊区建立了一家工厂，继续在道路运输领域研发项目。1889年，他们推出了喷气轮车，这是一款在设计上更像三轮车的双座汽车。

随着需求量的逐步增长，戴姆勒和迈巴赫找到了投资商，在1890年创办了戴姆勒发动机公司。两年之内，便销售了第一辆汽车。不久之后，戴姆勒由于心脏原因病重，不得不抽出一段时间疗养。他回到公司之后开始面临戴姆勒发动机公司董事会斗争的状况。由于未能购买足够股份对公司控股，他索性卖掉了自己持有的股份和专利，退隐江湖。忠心耿耿的迈巴赫随他一同离去。

里面制造出了一台属于自己且运转良好的汽油发动机，这台发动机带有能够按照适当比例混合燃烧所需的汽油和空气的汽化器。他们嘈杂的作业声使警觉的邻居怀疑他们在违规造假，并且报警对其进行了无果的突击检查。

1885年，戴姆勒和迈巴赫准备开着他们制造的第一辆汽车出门兜风。他们的"坐骑车"是一辆经过改装之后配有内燃发动机的木质自行车。戴姆勒戏称这台发动机为"祖父钟"，因为它与钟摆驱动的计时工具类似。在试运行时，迈巴赫成功驾驶坐骑车行驶了3千米，最高速度达到了12千米/小时。

在距离戴姆勒和迈巴赫的工作间仅仅100千米的曼海姆市，另一位名为卡尔·本茨的工程师（见下一页）正在制造一款自己的汽车。本茨的

戴姆勒和迈巴赫继续保持合作伙伴关系，将一台带有迈巴赫喷嘴汽化器的新款四缸发动机安装到一辆汽车里，参加了法国首届从巴黎到鲁昂的汽车比赛。当他们打败戴姆勒发动机公司的所有参赛汽车第一个冲过终点线时，一定获得了某种满足感。所以，这次轮到戴姆勒和迈巴赫掌握着主动权，被前公司高价返聘。1895年，戴姆勒发动机公司开了庆功会，庆祝在本年度内生产了第1000台发动机。戴姆勒发动机随后在英国、法国和美国获得了许可权。汽油发动机驱动的汽车的出现是历史的一次飞跃，无论影响好坏，世界都自此永久改变了。

戴姆勒因为心脏病于1900年3月6日逝世。一个月之后，一款新的轻型戴姆勒汽车问世，以这位富可敌国的工业家兼汽车代理商的女儿梅德赛斯命名。

20世纪之初，戴姆勒归于尘土之后，奔驰汽车公司和竞争对手——生产梅德赛斯发动机的戴姆勒发动机厂——之间产生了激烈的竞争。1926年，由于国家经济步履蹒跚，德国两个汽车产业巨头同意合并，组建梅德赛斯——奔驰集团。

卡尔·本茨

汽车工程领域的开拓者卡尔·本茨在财政困难的状况下步履维艰地发明了汽油动力汽车。在精明强干的妻子贝莎的帮助下，本茨设计的产品逐渐发展成为世上最大的汽车公司。

本茨集合了所有精力，专注于研发一款以汽油为燃料的能够申请专利的双冲程发动机。他发明了如火花塞、节流阀系统、电池动力点火装置、变速器、汽化器、水散热器和离合器等当今时代许多汽车司机耳熟能详的机械部件。1885年，他将一台四冲程汽油动力发动机和上述部件成功装到一辆三轮车中，"奔驰一号"面世了。本茨的首辆汽车不易操纵，甚至在进行公众演示时撞到了墙上。教会一度视本茨发明的奔驰一号为"魔鬼马车"，并且禁止他在曼海姆市驾驶奔驰一号。

贝莎·本茨于1888年8月5日从曼海姆市出发，乘着奔驰一号，载着两个儿子，前往遥在104千米之外的普福尔茨海姆市的母亲家。这是史无前例的"无马马车"的长途旅行。在加油站还未出现的情况下，勇气可嘉的贝莎不得不寻找药房为奔驰一号加油（当时汽油被作为家用清洁剂销售！）并且处理各种机械故障。驶过几个下山陡坡之后，贝莎指导一个鞋匠修理了皮质刹车片，并且使用帽子上的饰针清理了燃油堵塞。

本茨将贝莎所提的如增加额外齿轮应对山区路况等建议整合到奔驰一号的设计之中，也受贝莎精明的宣传策略所鼓舞，准备投产奔驰一号。奔驰一号于1889年开始销售，成为世上首辆商用汽车。6年之后，本茨设计了第一辆装配内燃发动机的卡车。

时至19世纪末，本茨如日中天地经营着一家发动机生产企业——奔驰公司，坐拥430名员工，成为彼时世上最大的汽车公司。本茨旋即设计了一款价格较低的汽车，进行大规模生产。这便是奔驰威罗（Velo），采用2千瓦发动机驱动的最高速度可达19千米/小时的双人汽车。

下图：本茨在1893年设计了价格较低适合量产的威罗车型（图中所示为，本茨驾驶，贝莎乘车）。这是世上首款大规模生产的汽车。

了不起的工程师

托马斯·爱迪生

我们最大的弱点在于放弃。成功的最佳方式永远都是再多尝试一次。

——托马斯·爱迪生

托马斯·爱迪生是一个成果颇丰的发明家。他一生中共申请了1093项专利，不仅使纽约市灯火通明，而且在声音、照明和动态影像领域都取得了突破。

托马斯·阿尔瓦·爱迪生于1847年2月11日在美国俄亥俄州的米兰镇出生，上有六个哥哥姐姐。人称"阿尔"的爱迪生是一个超级活跃的孩子，很难在课堂上聚精会神，所以他的母亲选择对他进行家庭教育。爱迪生在化学和机械领域表现出了兴趣，也很早就在创业方向表现出了天资。10岁出头时，他就在通往底特律的大干线铁路工作，向乘客售卖糖果和报纸。爱迪生在火车的行李车厢内安装了一台印刷机，生产自己创办的《大干线先驱报》，同时将车厢内的空间用作化学实验室。但是这个实验室在爱迪生引起一场火灾之后被迅速关闭了。

12岁时，爱迪生大概是因为感染了猩红热病毒之后产生了后遗症，导致他丧失了大部分听力，但是命运并未将他击倒。事实上，爱迪生后来谈到，听力不佳是上天馈赠给他的礼物，因为他不易分心，反而更容易聚精会神地专注工作了。

1862年，爱迪生从火车铁轨上救出了一个3岁男童，使其免遭货车碾压之厄运。孩子的父亲J. U. 麦肯泽为了

最高成就

电子投票记录器
爱迪生的首个专利，1869年

通用证券报价机
首个专利大拍卖，1871年

四工电报
通过同一条线传输4条信息，1874年

发明工厂
位于纽约市门洛帕克公园的研发实验室开业，1876年

碳精送话器
改良电话的麦克风，1877年

首次人声录制
爱迪生在留声机上录制了《玛丽有只小羊羔》，1877年

白炽灯
改良碳丝灯

电光显示器
纽约市珍珠街，1882年

维太放映机
首次播放动态影像，纽约市，1896年

蓄电池电源
研制碱性蓄电池，1901年

上图：托马斯·爱迪生。

托马斯·爱迪生

下图：爱迪生在门洛帕克公园的"发明工厂"实验室复原图。

了不起的工程师

托马斯·爱迪生

上页图片：1877年，爱迪生研发了一台声音录制设备并且将其称为留声机。为了对机器进行测试，爱迪生唱了儿歌《玛丽有只小羊羔》。当他听到回放的声音时，内心非常激动。

报答救命之恩，将一种铁路上使用的通信技术介绍给了爱迪生。数月之后，爱迪生便作为电报操作员在美国各大城市工作了。但是当电报弃用摩尔斯电码转而改用点击声音表达信息之后，爱迪生的听力问题成为工作的障碍。1868年，爱迪生在父亲失业和母亲饱受精神疾病摧残的情况下，在西联汇款公司的波士顿分公司谋得了一份差事，但是继续在业余时间从事个人发明。

1年之后，爱迪生为其设计的一种电子投票记录器申请了人生中的第一项专利。非常可惜的是，政客们似乎对能加速投票过程的机器怀有敬而远之的心理。从此以后，爱迪生决定不再把时间浪费在没有用武之地的设计项目上。移居纽约后，爱迪生发明了用于股市报价的自动收报机，并且以此完成了第一单大型买卖。黄金股票电报公司为他支付了版权费。现在，爱迪生拥有足够的资金支持自己全职发明家的事业了。

爱迪生在1876年创办了个人的"发明工厂"。这个位于新泽西州门洛帕克公园的大型研究中心堪称发明创造的流水线。爱迪生期望他的雇员们在长时间实验工作方面能够拥有和他比肩的耐性，于是新的专利以破竹之势累积起来。

不出1年，爱迪生就为亚历山大·格雷厄姆·贝尔的电话（见第120页）研发出了碳精送话器，从而提升了电话音量。这给了他灵感，继续发明了录制声音的设备——留声机。留声机用一根金属针将声波蚀刻到包有锡箔纸的蜡筒上，以此复制声音，然后通过一个膜片对声音进行播放。爱迪生吟唱了儿歌《玛丽有只小羊羔》，并将声音录制到了留声机上，以测试设备。尽管爱迪生发明的语言留声机是个新奇的物件，但是这项发明算不上巨大成功，因为锡箔纸蜡筒对录音回放的次数非常有限。10年后爱迪生才将其发明的留声机的潜能在娱乐业发

右图：爱迪生一生中共为其发明申请到了1093项专利，另有500多项没有通过专利评审的发明。爱迪生基于路德维希·K·博埃姆制造的灯泡，设计了这款早期白炽灯。

了不起的工程师

挥到极致。而此刻，他将注意力转移到了另一种媒介上——照明设备。

1881年，爱迪生在东纽瓦克建立了一座新的工厂，并且举家搬迁到了工厂附近，开始生产一款实用性强的电灯泡。爱迪生对一款现有灯泡进行改良，花费了14个月的时间进行测试，最终选定采用碳化竹丝作为持久电灯灯芯的最佳媒介。在曼哈顿金融区首次展出的400枚碳丝灯泡在一年之内吸引了一万多份订单。爱迪生建立了许多公司，以此满足社会对其电气照明系统的需求，并且在世界范围内对其照明设备进行巡展。他还在全美范围内建造了12座发电站，以提供电气照明所需的能量。

毫无疑问的是，爱迪生遇到了竞争对手。照明设备生产商乔治·威斯汀豪斯坚持认为，他的交流电电气系统不仅效果更好，而且传输得更远。而支持直流电（DC）的爱迪生则责备他，声称交流电更容易引发致命性电击事故。最终，爱迪生支持错了对象，交流电成为通用领域的主流电流。

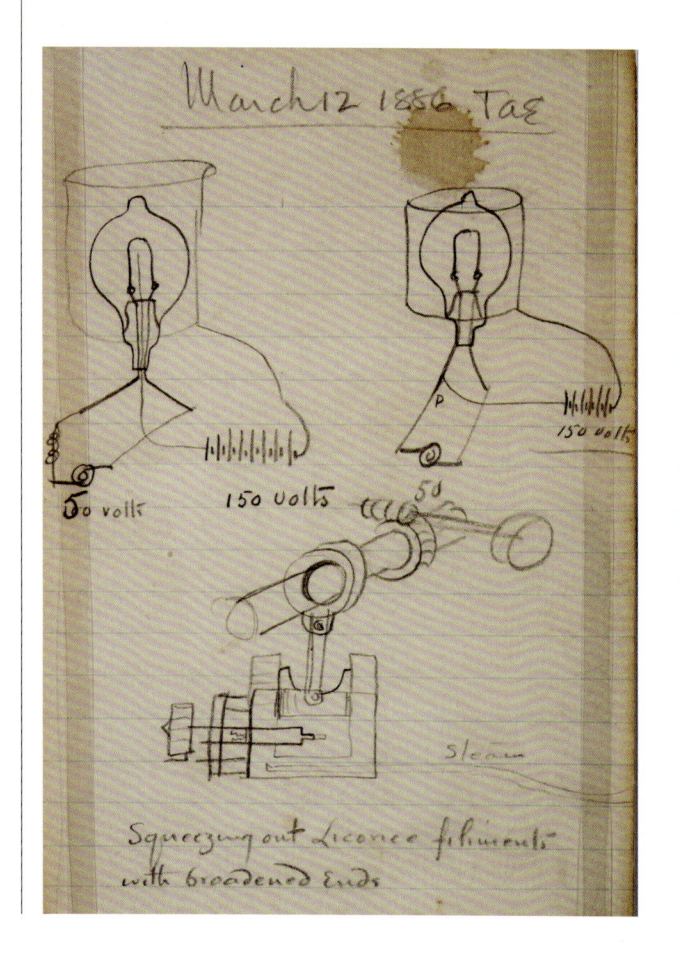

1884年，结发妻子玛丽去世数月之后，爱迪生便再婚了。人们传言，他曾使用摩尔斯电码向19岁的米娜·米勒求婚。他在新泽西州建立了另一个更大的实验室，足够容纳5000名员工，并且配有一个机械车间、一个留声机部、一个摄影中心，以及一个图书馆。

他的竞争对手发明家奇切斯特·贝尔和查尔斯·萨姆纳·泰因特采用蜡筒和浮动唱针成功改良爱迪生的留声机，但爱迪生拒绝了对方提出的合作关系，并专心思想将其设计进一步改良。在早期尝试将留声机作为商务录音设备进行营销之后，爱迪生于1896年建立了国家留声机公司并且将其发明作为家用音乐播放器进行促销。时至1912年，早期留声机使用的弱不禁风的蜡筒已经被更耐用的材料取代，最终出现了唱片。

在爱迪生发布了家庭版留声机两年之后，他对外声称"我正在尝试开发一款设备，它能像留声机为耳朵提供听觉享受一样为眼睛提供视觉享受。"这便是活动电影放映机。爱迪生的同事威廉·迪克森提出了这个灵感——将图像录制在带状电影胶片上，然后通过带有窥孔的观赏设备进行播放。这便是电影的起源。早期娱乐性电影的主题包括游行、舞蹈和拳击比赛等。

出人意料的是，爱迪生没有看到生产电影放映机的潜力。事实上，还是迪克森发明了这

左图：爱迪生设计的灯泡。

托马斯·爱迪生

上图：1896年4月23日，爱迪生在纽约市的科斯特和比亚尔音乐大厅放映电影，成为史上首个放映电影的人。

种设备。几家公司开始在电影行业展开角逐，就连爱迪生也开始推出他设计的"维太放映机"，争夺市场份额。后来，爱迪生尝试将声音和电影进行同步整合，但是收效甚微。

并非爱迪生构思的所有项目都会成功。1899年，爱迪生创建了爱迪生波特兰水泥公司。他确信水泥是建造低成本家居的理想材料，并且主张可以在制作家具甚至钢琴时使用混凝土。然而，这两个构想都失败了。

1911年，爱迪生将他创办的所有不同公司都整合到托马斯·阿尔瓦·爱迪生有限责任公司旗下。4年之后，第一次世界大战爆发，爱迪生加入了海军咨询委员会，并且以总顾问的身份对以潜艇探测为主的技术防御措施提供建议。但是，他拒绝研发武器。

当时间进入20世纪20年代，爱迪生已经年入80岁高龄，他的健康状况逐步衰退。1931年10月14日，他由于糖尿病并发症陷入昏迷，并于四天后去世。据说他的最后一口气保存在一支试管中，收藏于底特律市的亨利福特博物馆。他去世时人们将路灯调昏，以纪念这位为了向世界播撒光明而做过无数次努力的伟大人物。

了不起的工程师

亚历山大·格雷厄姆·贝尔

最高成就

电话
1876年

建立贝尔电话公司
1877年

电子子弹探针
1881年

格拉福风留声机
改良版的留声机，1885年

上图：亚历山大·格雷厄姆·贝尔。

> 然后我喊道："华生先生，过来。我想见你。"令我高兴的是，他来了，并且告诉我他听到了而且理解了我的话。
>
> ——摘自亚历山大·格雷厄姆·贝尔的笔记，1876年

1876年3月7日，苏格兰裔美国发明家亚历山大·格雷厄姆·贝尔因为发明了一部能够"传递人声或其他声音"的电子通信设备而获得了一项专利。他的发明——电话——将会使世界发生永久性的改变。获得世界上第一部实用电话的专利权不仅使贝尔获得了财富，而且使其成为有史以来最著名的工程师之一。

然而，在专利局发生了激烈的竞争。另一位美国发明家伊莱沙·格雷独立发明了一件类似的设备。就在贝尔于1876年2月14日办理了申报专利手续的几个小时之后，格雷便向专利局提交了他的个人设计。专利保护发明免受仿造，同时也确保发明家能够通过自己发明的产品获取利益。由于专利认定之后会确定巨额财富的流向，一场关于谁最先发明了电话以及谁应该赢得电话的相关权力的激烈法律纷争随之而来。这场官司最终裁定贝尔胜诉，但是这仅是贝尔在后来的岁月里不得不面对的大约600起专利纠纷案件之一。历史学家对贝尔的专利的公正性有所争论，但是他在研发第一部电话方面的成就却是无可置疑的。其他发明家在这个领域的贡献，即某些与贝尔的发明有所类似的作品，在今天得到了更多认可。

贝尔于1847年3月3日在苏格兰的爱丁堡出生。少年贝尔受到曾经设计出人类语音分类系统的演说家父亲的影响，在成长过程中也对

亚历山大·格雷厄姆·贝尔

下图：贝尔于1876年发明的首部电话的模型。

THIS MODEL OF BELL'S FIRST TELEPHONE IS A DUPLICATE OF THE INSTRUMENT THROUGH WHICH SPEECH SOUNDS WERE FIRST TRANSMITTED ELECTRICALLY, 1875.

声音和演讲产生了类似的热爱之情。年仅12岁时，他就设计出了一种为小麦脱壳的机械装置，展露出了发明家的潜质。受演讲机器人所启发，贝尔也制造了一种能够模仿简单语音的"说话机器头"。

贝尔后来成为一名聋人教师，但是他制造机械装置的激情从未停止。贝尔以德国物理学家赫尔曼·冯·亥姆霍兹为偶像，持续针对将电转化为声音的方法做了一次又一次的实验。冯·亥姆霍兹曾经利用电振荡原理，采用振动音叉的方式，沿着导线传播声音。贝尔最初误解了冯·亥姆霍兹的工作，但是恰恰是这种误解使他获得了突破。他认识到，既然将电转化成振动是可行的，那么反之也必然合理。他也主张，如果能够通过导线传播多个音高，那么重建人声的整个音谱也应该是可行的。

在几个兄弟先后去世之后，贝尔于1870年举家搬至加拿大，然后于1871年远赴美国的波士顿市从事教育事业。他继续对电和声音进行实验，并将注意力转移到电报改良方向。时至19世纪末，电报使人们以光速进行通信成为可能。但是存在一个问题：一次只能通过电报线缆传递一条信息。随着人们对电报的需求逐步增加，而且考虑到铺设更多电缆的巨额花费，理想的解决方案是寻找一种通过同条电缆发送多条信息的途径。这个称为多路复用的方法是包括贝尔和格雷在内的许多发明家和电气工程师的研究目标。他们开始尝试研发谐波电报，这种电报能够携带以不同音

右图：亚历山大·格雷厄姆·贝尔在开幕典礼上从纽约拨出一个长途电话。

亚历山大·格雷厄姆·贝尔

了不起的工程师

右图：贝尔在和伊莱沙·格雷经过艰难的法律斗争之后，最终获得了电话专利权。

高编码的几条信息，以此取代通过摩尔斯电码传播的单组脉冲。贝尔和格雷追求的是，能够在接收端产生一系列音调的设计。但是贝尔的实验不是对电报进行简单的改良，而是开始将其引向传输人类话语的方向。

贝尔最初是一名聋人教师，而不是电气工程师。但是他的实验现已进入了至关重要的阶段，所以他需要专家的帮助。贝尔和波士顿一家电气工厂的年轻技术员托马斯·A·沃森结成了合作伙伴。沃森此前曾经处理过形形色色的电气设备问题，这些前期积累的丰富经验使他具有将贝尔的理念转变成原型设备所需要的种种技能。由于沃森的参与，贝尔得以在这个领域中以独特的视角将各种各样的研究线索整合到一起。在不同媒介之间转换信息是他从事聋

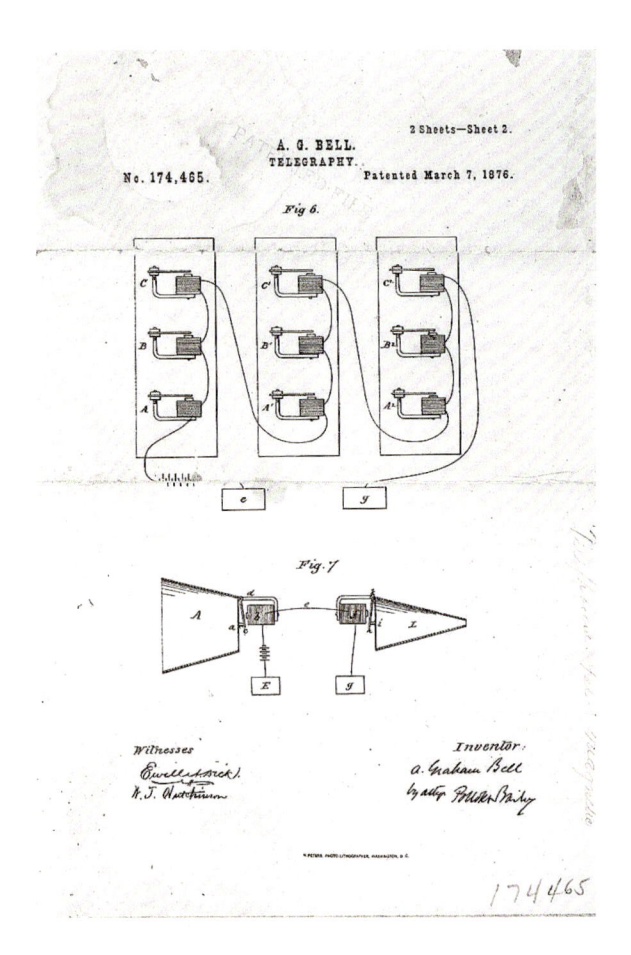

安东尼奥·梅乌奇

一些历史学家认为，意大利裔美国发明家安东尼奥·梅乌奇在19世纪50年代发明了第一部电话。然而，他的专利声明是否确实在描述一种等效的电动机械设备，至今没有定论。

左图：安东尼奥·梅乌奇

约翰·菲利浦·莱斯

1861年，德国物理学家约翰·菲利普·莱斯先于贝尔15年展示了他设计的"电话"，这是一款能够传送声音的设备。彼时无人意识到这台设备的潜在价值。

下页左图：约翰·菲利普·莱斯

伊莱沙·格雷

19世纪70年代，美国发明家伊莱沙·格雷致力于研发自己的设备，期望像贝尔一样借助电力沿着电缆传输人声。贝尔和格雷对彼此的研究或专利掌握了多少信息，至今仍然是个未解之谜。

下页右图：右侧：伊莱沙·格雷

人工作的基础，因为这份工作需要将视觉符号、图表、动作和口音进行整合。他对电话的研究中使用了同样的转换原则。贝尔越来越接近将空气中的声音振动转化成导线中的波动电流的目标。贝尔提出构想，而沃森则对这份构想提供技术支持。

在19世纪70年代早期，沃森采用共振金属片代替冯·亥姆霍兹的音叉为贝尔的谐波电报机制造了几款原型发射机和接收器。与此同时，贝尔为捕捉语音而做了大量实验，其中包括用一具尸体的耳朵接收振动并且将此振动转化为电信号！贝尔受到来自赞助方不断升级的压力，要求他完成谐波电报的实验并且申请专利，这使他不得不向后推迟其他志向远大的实验。1875年6月2日，沃森和贝尔像往常一样进行谐波电报实验。当沃森正对金属谐振器进行调试时，贝尔突然听到弹簧的声音，这并非音乐的旋律，而是沿着导线传输过来的真真切切的声音。这个拼图游戏的所有碎片终于拼接成功了！很快，二人便用一片通电的柔韧薄膜取代了发射机的金属片，以将振动转化为电信号。谐波电报机正在演变为电话。经过数月的改进之后，贝尔的电话终于在1876年3月10日成功地传输了第一条语音信息。当时，贝尔弄洒了一些酸性液体，便立刻本能地喊沃森先生帮忙。沃森在接收机上听到了贝尔的声音，"沃森先生，快来。我想见你。"

贝尔的电话雏形后来得到了托马斯·爱迪生等许多其他工程师的不断改进，但是贝尔将会作为电话的发明者而流芳百世。然而，贝尔一生中不只发明电话这一项工程学成就，他也取得了许多其他硕果。譬如，他曾经设计了一种传真机、一台名为"光电话"的光学电话、一艘创造了历史纪录的水翼艇，他甚至还为早期飞行器和早期空调组的研发做出了开创性贡献。

了不起的工程师

弗拉基米尔·舒霍夫

> 外表美丽的事物往往都很强大。人类的视觉善于依据自然比例进行判断，自然界中的任何事物都既有顽强的生命力又有存在的意义。
>
> ——弗拉基米尔·舒霍夫

最高成就

输油管道（俄罗斯帝国的首例）
1878年

裂解工艺
发明了高温油精炼工艺
1891年

全俄罗斯展览会
八个展馆，1896年

水塔
世上第一座双曲面水塔，
1896年

跨高加索管道
835千米，1906年

赫尔松灯塔
赫尔松，1910年

舒霍夫无线电塔
莫斯科，双曲面无线电发射塔，
1922年

列宁奖章
被授予苏联最高荣誉之一，
1929年

上图：弗拉基米尔·舒霍夫。

弗拉基米尔·舒霍夫是一位享誉俄国的结构工程学大师，而在俄国之外人们却对他知之甚少。弗拉基米尔·舒霍夫擅于利用数学理念设计优雅的金属框架。

弗拉基米尔·舒霍夫于1853年8月28日出生在俄国小城格莱弗隆。他的父亲格雷戈里·佩特洛维奇·舒霍夫曾经作为一名俄国军官在部队服役，但是当弗拉基米尔出生时已经复原并且在一家当地银行做了主管。弗拉基米尔在圣彼得堡高级中学就读期间，在数学领域崭露头角，并且以优秀生的身份毕业，开始把工程学当作职业。

经过父亲的推荐，弗拉基米尔被莫斯科帝国理工学院录取，研究物理和数学。他是一名勤奋的学生，在阅览室和实训车间投入了大量时间。他设计出一种新的蒸汽喷射器用于帮助液态燃料燃烧。年轻的舒霍夫因为学术成就赢得了一枚金牌，此后他拒绝了一个研究员的工作机会，踏上了将工程学知识付诸实践的探索之旅。

1876年，舒霍夫加入了一个前往美国费城的代表团，参加世界博览会百周年展览。他在此遇见了俄裔美国企业家亚历山大·巴里，此人对他后来的事业产生了巨大的影响。

巴里负责展览会的几座建筑的建设工程，帮助车间筹备设

上图：1896年，舒霍夫为在下诺夫哥罗德举办的全俄罗斯展览会设计了八座展馆，使用的薄膜屋顶开创了历史先河。

备，并且向俄国代表团介绍了美国匹兹堡金属工厂的铁路修建方案。

受到海外旅行的启发，舒霍夫返回俄国之后便在"华沙——维也纳"铁路线上从事了一份工作，设计车站和仓库。这份工作给他的创造性空间非常小，所以他选择了辞职转而加入了军事卫生学院。若非亚历山大·巴里偶然返回，舒霍夫的工程学志向大概就会就此终结了。

巴里于1877年移居俄国，期望在俄国飞速的产业发展中有所收获。巴里在一家石油企业担任总工程师之后，想起了在费城遇见的才华横溢的工程师，便邀请舒霍夫负责企业在阿塞拜疆首都巴库设立的分部的业务。3年之后，巴里建立了个人的建筑公司和锅炉制造厂，并且聘请年轻的舒霍夫担任总工程师和设计师。二人将在以后的岁月里共事长达35年之久。

舒霍夫设计了俄罗斯帝国历史上的首条输

了不起的工程师

上图：这座由舒霍夫设计的用于广播宣传的双曲面无线电发射塔建于1922年苏俄国内战争时期，一直沿用至2022年。原计划在2014年拆除，后来却对其进行了加固。

油管道。这条于1878年开通的管道贯通巴尔汉尼和切尔尼格洛德，全长12千米，并且在之后的五年之内，成为舒霍夫规划的环巴库94千米管道系统的一部分。直到1906年，这个数字被舒霍夫新设计的跨高加索管道以835千米的长度超越。

1891年，舒霍夫为石油精炼的新技术热裂解申请了专利。这款工艺通过将石油加热到几级不同的高温的方式将烃分子分解成不同的简单形式，这样就能够生产出用途更加广泛的燃料。舒霍夫针对蒸汽锅炉、石油贮液器和油罐运输装置设计的产品在全俄范围内都得到了广泛的应用。

除了在石油产业发挥聪明才智以外，舒霍夫还在俄国境内使用金属网格结构设计了几座令人震撼且颇具创造性的塔。对舒霍夫而言，1896年是极不寻常的一年，因为舒霍夫那年使用钢质网格结构和薄膜屋顶的方案为在下诺夫哥罗德举办的全俄罗斯展览会设计了八座大型展馆，该展会的目的是展出俄国最佳技术和工业成就。他设计的高度为32米的水塔是这次展览会上的亮点，成为世界各地1000多座水塔建筑争相模仿的典范。

亚历山大·巴里于1913年逝世。他的儿子放弃了他在俄国的业务，移居到了美国。一年之后，第一次世界大战爆发，俄国十月革命接踵而至，数不胜数的企业家逃离俄国。舒霍夫选择留下，帮助国家重建家园。列宁作为新成立的俄国苏维埃政府的领袖委任舒霍夫在莫斯科建造萨波罗夫卡无线电塔，用于向民众广播政府发布的信息。这座无线电塔现在称为舒霍夫塔。舒霍夫塔的设计高度为350米，远远超过巴黎的埃菲尔铁塔，塔重却仅占埃菲尔铁塔的三分之一。尽管是由于资源短缺，这座用料更加节省的铁塔依旧威风凛凛。这座铁塔是用六个双曲面建造的，外形宛如一只竖起并且伸长的望远镜，以152米的高度直插天空，并且保持俄罗斯境内最高建筑多年。

舒霍夫共在俄罗斯监督建造了大约200座塔和500座桥梁。他也设计了数座电缆塔、火车站和灯塔。此外，他还为一座位于莫斯科的剧院设计了旋转舞台。

步入晚年之后，舒霍夫避开了大众的视线，选择了平淡的生活，仅在家中会见挚友和同事。遭遇一场突如其来的大火之后，舒霍夫被严重烧伤，于1939年2月2日在莫斯科逝世。舒霍夫作为俄罗斯当之无愧的名人，因其一生的贡献获得了列宁奖章，并且一座位于别尔哥罗德市的大学以他的名字命名。

下图：位于莫斯科的基耶夫斯基铁路总站的顶棚是由舒霍夫设计的。他使用的轻金属网状结构有超越时代的意义。

了不起的工程师

赫莎·埃尔顿

女人的实际工作量如此繁多，堪比九命之猫，这是由男人造成的错误。

——赫莎·埃尔顿

最高成就

脉搏图仪
发明了记录脉搏的设备，1877—1881年

分线法
平分线段的专利性工具，1884年

英国电气工程师学会
首位女性成员，1899年

电弧
埃尔顿将研究成果编撰成书，1902年

英国皇家学会
首个发表科研论文的女人，1904年

埃尔顿吹风机
第一次世界大战期间使用的抗毒气体设备，1917—1918年

上图：赫莎·埃尔顿。

英国工程师兼发明家赫莎·埃尔顿，因为在电弧和气流领域的研究的数次突破，打破了男权掌控的科学社会的壁垒，鼓舞了数代女性投身科学研究工作并走向成功。

赫莎·埃尔顿于1854年4月28日在朴茨茅斯出生，原名菲比·莎拉·马克斯。她的父亲李维·马克斯是一名钟表匠，为了躲避反犹太暴乱而从波兰逃亡到了英格兰，在莎拉7岁时便去世了。莎拉帮助母亲抚养其他七个兄妹，9岁时搬到了伦敦与几个姑姑同住。姑姑们经营了一所学校，对莎拉的教育提供了许多支持。她在科学和数学领域表现出了天赋，但是也为了担任家教而学习了法语和音乐。为了能够给母亲寄钱，她从16岁便开始从事这份工作了。

莎拉的朋友们用阿尔加侬·斯温伯恩的一首诗中女英雄"赫莎"的名字为她起了绰号。朋友们知道赫莎天资聪慧，就鼓励她参加彼时刚刚开始招收女性学员的剑桥大学的入学考试。赫莎在1877年被第一所为女性提供教育的高等学院——剑桥大学格顿学院——录取了。在读期间，赫莎便发明了用于记录人类脉搏的医疗仪器——脉搏图仪。她的另一项早期成果是将线段平均分割成几部分的分线法，事实证明这种方法为建筑师和工程师提供了很大的帮助。

1881年，赫莎在数学领域获得了三等证书，顺利毕业了。（1948年之前，剑桥大学尚未建立为女性颁发学位的机制！）1884年，赫莎开始参加电气工程学专家威廉·爱德华·埃尔顿教授在芬斯伯里技术学院举办的夜间学习班。不出一年，二人结为夫妇。赫莎·埃尔顿成了威廉四岁女儿伊迪丝的继母，并在1886年诞下了自己的亲生女儿芭芭拉。此后，她除了负责抚养两个孩子，也辅助丈夫从事研究工作。研

右图：埃尔顿在第一次世界大战期间为部队设计了一款驱除毒气的特制扇子。这种扇子能够折叠，便于士兵装入行囊携带。

究电弧时，埃尔顿取得了重大发现。19世纪末期，电弧在照明领域得到了广泛应用，但是经常发出嘶嘶声，而且断断续续地发生闪烁。埃尔顿发现，这是用于产生电弧的碳棒与氧气发生了接触导致的。

由于埃尔顿在此领域有了突破性的发现，她受到了英国电气工程师学会的邀请，对研究项目进行报告展示。她是首位获此殊荣并且被该学会吸纳为会员的女性。当时，女性很难得到科学界的认可。就连玛丽·居里发现了镭，科学界都将荣誉颁发给了她的丈夫。埃尔顿是居里的挚友，帮助居里争取个人应得的荣誉。

然而，人们对赫莎·埃尔顿的成就极为认可。从1883年到1923年她去世时，埃尔顿申请了26项专利，其中的5项以数学分线法为研究方向，13项以电弧灯和电极为研究方向。1902年，埃尔顿获得加入声名卓著的皇家学会的提名权，但是因为已婚女性无权入会的荒唐规则而被拒之门外。

当丈夫的身体状况出现问题之后，埃尔顿举家搬到濒临肯特海岸的马盖特小城，期望海边的空气会对身体康复有好处。埃尔顿开始观测海浪拍打海岸造成的波纹，这促使她在随后的数年间对空气和水流的运动进行了研究。直到1908年威廉·埃尔顿去世，赫莎·埃尔顿也没有放弃这项研究。

1914年，战争爆发了，埃尔顿意识到她的研究会对前线的部队有所帮助。敌军运用了新式战术，使用包括芥子气在内的多种致命气体

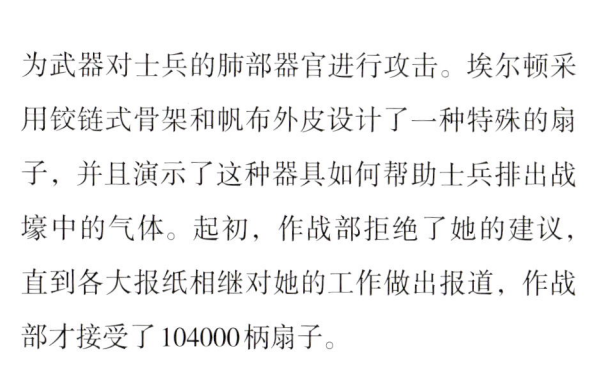

为武器对士兵的肺部器官进行攻击。埃尔顿采用铰链式骨架和帆布外皮设计了一种特殊的扇子，并且演示了这种器具如何帮助士兵排出战壕中的气体。起初，作战部拒绝了她的建议，直到各大报纸相继对她的工作做出报道，作战部才接受了104000柄扇子。

战争结束之后，埃尔顿继续试图利用气流和涡流的知识清理矿井和下水道释放出的有毒气体。1918年，她关注的一项事业取得了成功，30岁以上的妇女获得了选举权。纵观埃尔顿的一生，她参加了数次政治游行和女权运动，并且因为科学成就而获得了公众认可。她为后世的女性在科学和工程学领域从事科研工作并获得成功指明了方向。赫莎·埃尔顿于1923年8月26日因为白血病逝世。

了不起的工程师

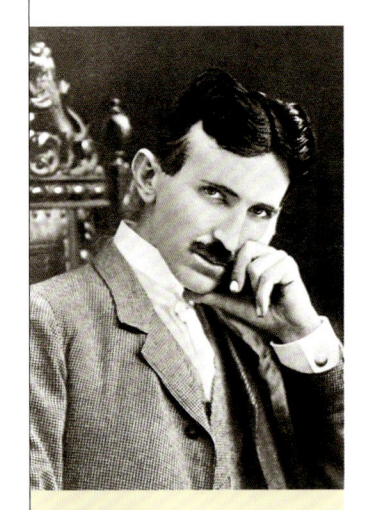

尼古拉·特斯拉

世间万物皆可成为他的发电源泉。

——《时代周刊》庆祝特斯拉75周年诞辰，1931年

最高成就

感应电动机
交流发电机，1883年

特斯拉电力公司
成立于1887年

特斯拉线圈
谐振变压器电路，1891年

尼亚加拉瀑布
设计水力发电站，1893年

霓虹灯，X射线
拍摄了第一张X光片，
1893—1894年

远程自动操作装置
遥控船演示，1898年

上图：尼古拉·特斯拉。

尼古拉·特斯拉是一位智慧超群、特立独行的工程师。他在职业生涯中创造了许许多多足以改变命运的发明，尤其是研发了电力传输装置和远程控制设备，但他在经济上却始终困顿。

尼古拉·特斯拉于1856年7月10日出生在奥匈帝国（今克罗地亚）一个东正教牧师的家庭里。他是一个天资聪颖、过目不忘、有强迫症倾向的男孩。19岁时，特斯拉旅居奥地利格拉茨市的理工大学，研习电气工程学。他勤奋刻苦，废寝忘食，以最高成绩通过了两倍于

左图：感应电动机是特斯拉的早期发明之一，也是其最成功的发明之一。感应电动机引领着交流电在发电和传输领域实现了飞跃性的进步。

右图：尼古拉·特斯拉为电力传输的发展做出了巨大贡献，一生中共申请了大约300项专利。本图所示为，他与自己设计的著名的"特斯拉线圈"的合影。

规定科目的考试。毋庸置疑，特斯拉智商极高，但是他在第三个学年不务正业，赌博输了学费，然后退了学。

1881年，特斯拉移居布达佩斯，进入国家电报局工作。在此期间，他设计了一种能够产生交流电（AC）的感应电动机，但是直到两年之后才筹备到足够的资金制造模型。彼时，特斯拉在巴黎工作，为美国发明家托马斯·爱迪生开办的许多企业之一——欧洲大陆爱迪生公司——设计发电机和发动机。

特斯拉坚信，爱迪生会发现在他研发的新式发动机和交流电中的潜力。1884年，特斯拉乘船前往美国向爱迪生展示机器，而彼时他的口袋里仅剩4美分和一封推荐信了。这位美国企业家坚持认为直流电（DC）是电力的主要方向，对特斯拉的感应电动机不感兴趣。但是爱迪生却看到了特斯拉其人的潜力，为他提供了一份工作，并且允诺如果特斯拉能够改良直流电源的性能便会支付给他慷慨的薪水。然而，根据特斯拉所言，他的确按照要求对直流电源进行了改良，却没有得到约定的报酬。无论孰是孰非，特斯拉选择了离去。

虽然爱迪生没有接受特斯拉的发明，但是他的对手公司却很乐意投资特斯拉。1887年，特斯拉和两个怀有商业思想的合伙人共同创办了特斯拉电力公司，设计了一组惊艳的交流电动机和电力系统。在大量宣传之后，特斯拉电力公司为他的专利赢得了60000美元的高额许可费。乔治·威斯汀豪斯接手了特斯拉的设计方案，这最终变成一场昂贵的与坚持直流电的托马斯·爱迪生的"电流之争"。最后，交流电成功地被选为作业电流。较之于直流电而言，交流电可以达到更高的电压，也可以实现更远距离的传输。

1889年，特斯拉利用许可协议的收入，在纽约市建立了个人实验室。基于德国物理学家海因里希·赫兹发现的电磁辐射，特斯拉开始试验一种能够升高电压的变压器。特斯拉将两个经空气隔绝的金属线圈缠绕在同一个铁芯上，发明了"特斯拉线圈"。特斯拉线圈能够产生为霓虹灯和荧光灯等新式照明设备以及X射线供电的高电压和高频率。特斯拉发现这种线圈具有无须导线而仅通过空气和大地传输电能的潜力。他在众目睽睽之下展示了这个理念，利用个人发明点亮了舞台上的灯具。

特斯拉逐渐为自己赢得了声誉。1893年，特斯拉受邀为尼亚加拉瀑布的发电系统提供建议。西屋电气公司因为采用了特斯拉的设计方案而在竞标中赢得了在尼亚加拉建立水电站的

右图：1900年，特斯拉在其科罗拉多斯普林斯实验室中通过制造人工闪电的方式展示了"放大发射机"。尽管特斯拉出现在图片之中，但是他当时并不在室内。本张照片是经过二次曝光的处理方法将他的人像置入其中的。

尼古拉·特斯拉

To my illustrious friend Sir William Crookes of whom I always think and whose kind letters I never answer!

Nikola Tesla

了不起的工程师

合同。1898年，特斯拉在麦迪逊广场花园进行的另一次公开展示中演示了他的"远程自动操作装置"——一台能够远程操纵船只的系统。这台遥控系统使用无线电信号为船只引导方向。尽管特斯拉试图向美国军方推销这种理念，但是军方并没有接受。待到军方认真对待时，已是20年之后的事情了。

20世纪之交，特斯拉投入了大量时间研发一种功能更加强大的无限发射机，从而在竞争中战胜欧洲无线电先驱者——古列尔莫·马可尼（见第156页）。1897年，特斯拉为他研发的无线电波技术申请了专利。但是由于一场火灾烧毁了特斯拉保存在实验室的大部分研究资料，马可尼大步超过了竞争对手，于1899年发射了第一个跨越英吉利海峡的无线电信号。特斯拉以极高的成本坚持不懈地证明他的无线传输设计方案的有效性，并且于1901年在纽约长岛建造了高度为57米的无线电发射塔沃登克里弗塔。但是，由于债台高筑，这项工程不得不在1906年被迫终止，这座塔也于1917年拆除，使他的一系列计划都化为乌有。

特斯拉失望至极，却不得不振作精神为后续的研究项目融资。尽管一次又一次地更换办公场所，但是他最终还是破产了。从1919年到1922年，特斯拉辗转了几家公司，研发了无桨发电涡轮机、垂直起降技术和雷达技术。后来，特斯拉逐渐变得神经质了，沉迷于喂养鸽子，表现出强迫性精神错乱的症状，甚至提出了由宇宙射线驱动的发动机、意识记录器和"死亡射线"等一系列匪夷所思的理念！

1943年1月7日，纽约人大客栈的一名女服务员在特斯拉租用的客房里发现了他的尸体，他因为冠状动脉血栓离开了这个世界。尽管特斯拉身后留下了巨额债务，但是他更为这个世界设计出了基础电力系统、高级无线电技术以及数百项专利技术。

左图：特斯拉耗费了数年时间四处融资，想在纽约长岛沃登克里弗的实验室建造一个无线电发射塔。但是这个项目在1906年被迫终止。

右图：特斯拉在1928年获得的垂直起降飞行器技术专利。

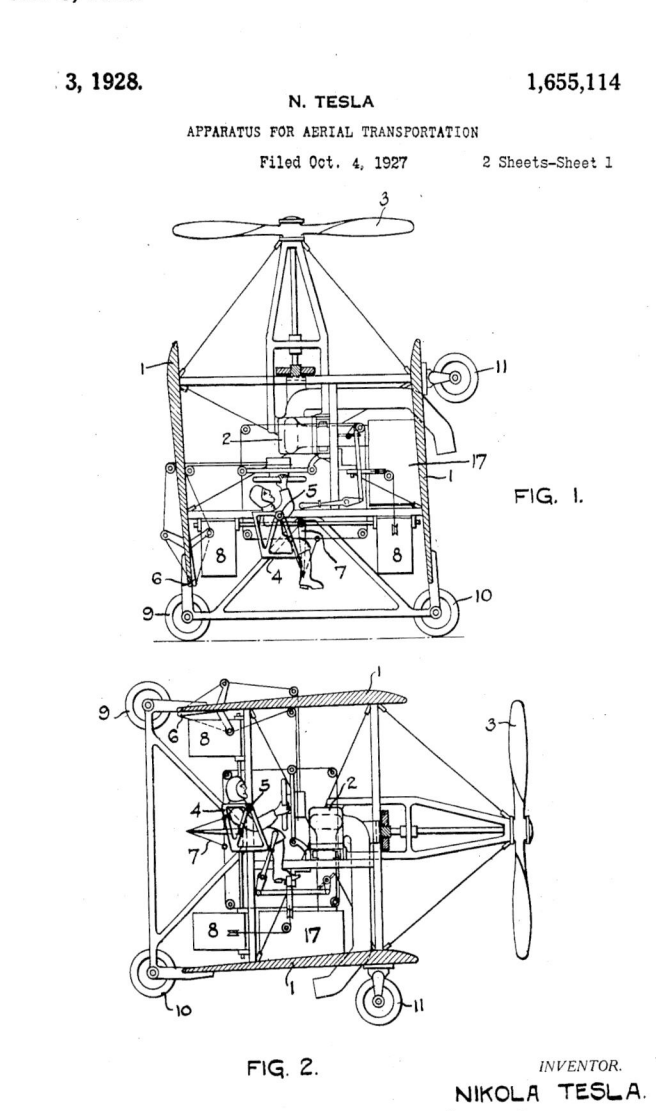

了不起的工程师

格兰维尔·伍兹

> 伍兹先生是美国顶级电气工程师之一,他的许多发明在处理各种各样最为强大而且神秘的问题时都展现出了无与伦比的技术和智慧,这也使他在发明家中位列前茅。
>
> ——《辛辛那提报》,1889年

工程师和发明家之间的界限并非总是清晰可见的,许多工程师得以被世人铭记并非因为他们工程学的项目,而是因为他们所创造的具有里程碑意义的发明。通常而言,工程师的责任并非创造新事物,而是根据现有科技寻找解决方案。尽管如此,工程师具有的解决问题的综合能力却使他们具有独特的发明创造的能力。格兰维尔·伍兹便是最佳例证之一,他本是一名非洲裔美国籍的机电工程师,但是后来却成为一名硕果累累的发明家。

最高成就

创办了伍兹铁路电报公司
1884年

电报电话一体机
1885年

同步多任务铁路电报
1887年

锅炉
1889年

再电气化铁路供电系统
1893年

自动空气制动器
1902年

上图:格兰维尔·伍兹。

下页图片:伍兹在1884年为蒸汽机车的改良锅炉申请的专利。

右图:电报按键。

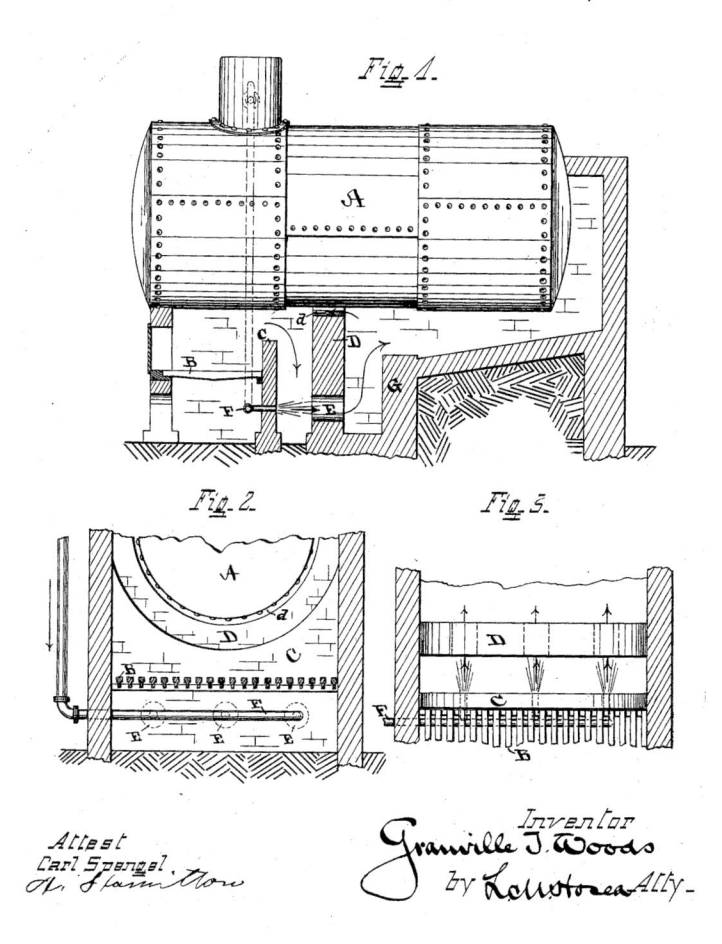

19世纪末20世纪初，科学技术日新月异，格兰维尔·伍兹因为个人发明获得了50多项美国专利。许多专利都与第二次工业革命后飞速发展的电信技术和运输技术有关。伍兹在这些新兴产业中发现了潜力，所以尽管困难重重他也下定决心追求工程学事业。作为一名黑人，身处南北战争和奴隶制度刚刚结束的美国，伍兹获得教育和职位晋升的机会都很渺茫。伍兹不得不在他整个职业生涯中与种族偏见斗争。

格兰维尔·伍兹于1856年出生于俄亥俄州哥伦布市。由于家境贫穷，他在10岁时被迫退学了。他进入一家机械车间做了学徒工，并在那里学习了机械工程和金属加工技术。后来，他在铁路、钢铁厂和一艘轮船上做了一些以工程学为基础的工作。他大概也通过夜校的形式在某种程度上对工程学进行过正规学习。1884年，自学成才的伍兹已经为经商做好了准备。他和自家兄弟共同创办了伍兹铁路电报公司，把为电信市场提供设备和技术作为企业方向。自从19世纪30年代开始，电信市场便先后在电报和电话网络这两个领域中迅速扩张了。

伍兹为改良版蒸汽机车锅炉申请了他个人的第一项专利。然而，是他来之不易的电气工程专业技术让他最终获得了突破性的发明。他将电报和电话的原理整合起来，改良了电话发射器的性能，并将新设计的系统称为"电报电话一体机"。这款产品能够通过一根电话线传输声音信号或类似于电报的摩尔斯电码信息。亚历山大·格雷厄姆·贝尔的电话公司立刻购买了伍兹这项专利的使用权仅是为了防止这项新技术挑战他们不断扩张的电信帝国，对这家兄弟创办的公司而言，这是第一个大型财务成功。他们利用这笔钱开展了更多科研项目。

1887年，伍兹为另一种电气设备申请了专利——同步多任务铁路电报。这项技术使得行驶中的火车能够和火车站进行通信，是一项改良铁路网络安全性的重要发明。从此以后，车站的管理人员拥有了检测火车位置的方法，从而降低了火车相撞的可能性。

在此之前，曾经有人尝试过为行驶中的火车提供通信连接，但是在实践中都失败了。他们都想通过和沿着铁轨的电报线进行持续接触来工作，但是火车的不规则运动经常会切断信号或干扰信息。伍兹发明了一个无须持续性物

了不起的工程师

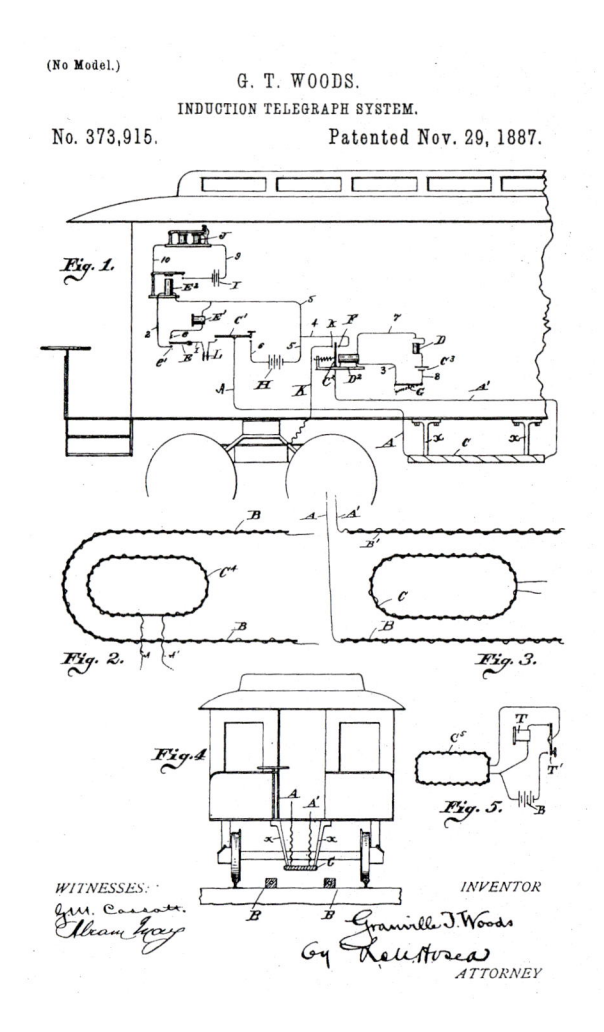

上图：同步多任务铁路电报的专利。

理接触的精巧策略。他在火车上安装了一个电磁线圈，通过磁场生成感应电流，利用电流沿着电报线缆传递信息。

伍兹的发明为他的才华赢得了公众知名度，但是也将他推向了竞争的暴风眼。发明家被迫通过昂贵法庭申诉的方式捍卫价值不菲的专利权早已是见怪不怪的平常事了。伍兹发现他陷入了与大名鼎鼎的发明家托马斯·爱迪生针锋相对的局面，因为爱迪生声称同步多任务铁路电报是由自己率先发明的。最终伍兹赢了这场官司。爱迪生随后为他提供了一份工作，但伍兹拒绝了。

在当时的美国社会中，黑人发明家想对自己的发明进行商用是举步维艰的事情，所以伍兹不得不出售专利，以此过活。但是经过昂贵的法律诉讼之后，伍兹的财务状况已经到了堪忧的地步，他晚年一直在财务窘境和疾病缠身中煎熬。53岁时，伍兹就因为脑溢血早早地

离世了,草草葬在纽约郊外的一座无碑荒墓之中。尽管伍兹将其一生都奉献给了工程学的发明事业,设计了如鸡蛋孵化器、电气化轨道和用于火车的自动空气制动器等装置,他死时却穷困潦倒。如今,他在工程学领域中取得的杰出成就终于得以重见天日,并且获得了广泛认可。

下图:一辆制造于19世纪90年代的蒸汽机车。伍兹发明的同步多任务铁路电报显著提升了当时的铁路安全性。

了不起的工程师

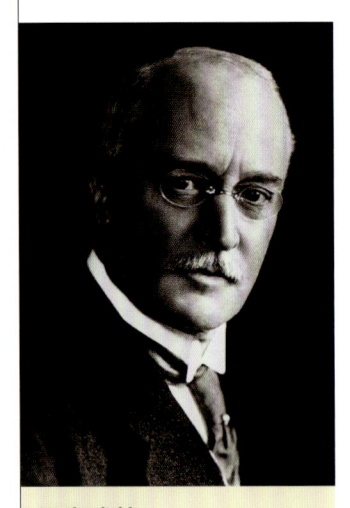

鲁道夫·狄塞尔

> 我坚信，我一定会设计出汽车引擎，这是我此生唯一的使命。
>
> ——鲁道夫·狄塞尔，1913年

柴油机已经为公路运输、铁路运输和水路运输提供了近乎一个世纪的动力，但是柴油机的发明者却在亲眼见证这举世瞩目的成功之前便神秘地销声匿迹了。

鲁道夫·克里斯蒂安·卡尔·狄塞尔于1858年在法国巴黎出生。他的父亲是一名从巴伐利亚州移民过来竭力养家的图书装订工。童年鲁道夫常常在父亲的工作间里帮忙，用手推车送货。少年鲁道夫在学校里表现得很好，12岁时就因为优异的学习成绩获得了一枚铜牌。1870年，法国和普鲁士帝国（德国）之间爆发了战争，狄塞尔一家人不得不和许多德国人一起过起了背井离乡的生活。狄塞尔一家在英格兰的伦敦市安顿下来，但是把鲁道夫送到了奥格斯堡的姑母家，学习德语。在此期间，鲁道夫决定为工程学而奋斗，并且成功考入了慕尼黑皇家巴伐利亚理工学院。

1880年，狄塞尔以理工学院有史以来的最好成绩顺利毕业了。狄塞尔在参加了德国科学家兼工程师卡尔·冯·林德的报告会之后，久久不能平静，便前往巴黎加入了林德的公司，帮助他设计一个新

最高成就

明冰制造技术
首项专利，1882年

柴油机
原型机得到成功测试，1897年

船用引擎
柴油机首次在海上使用，1903年

柴油火车
第一辆柴油机车，1913年

柴油卡车
第一辆柴油驱动卡车，1924年

柴油汽车
戴姆勒奔驰汽车集团生产了柴油动力汽车，1936年

上图：鲁道夫·狄塞尔。

右图：德国发明家兼工程师鲁道夫·狄塞尔以继承了他的名字的高效引擎和燃料闻名于世。在本图中，狄塞尔（右侧）正忙于对这款引擎进行操作。

的制冷工厂。不出一年，狄塞尔便因为明冰制造技术而获得了人生中的第一项专利，随后升职为厂长。

1890年，狄塞尔移居德国柏林，主管林德公司研发部的工作。狄塞尔利用他在热力学领域的综合知识，试验制造了一台以氨蒸汽为燃料的燃料效率和热能效率都很高的蒸汽引擎。但是，在一次早期测试中，引擎爆炸了，狄塞尔险些殒命。另一次采用高压气缸进行的测试造成了另一场爆炸事故，这场事故导致狄塞尔

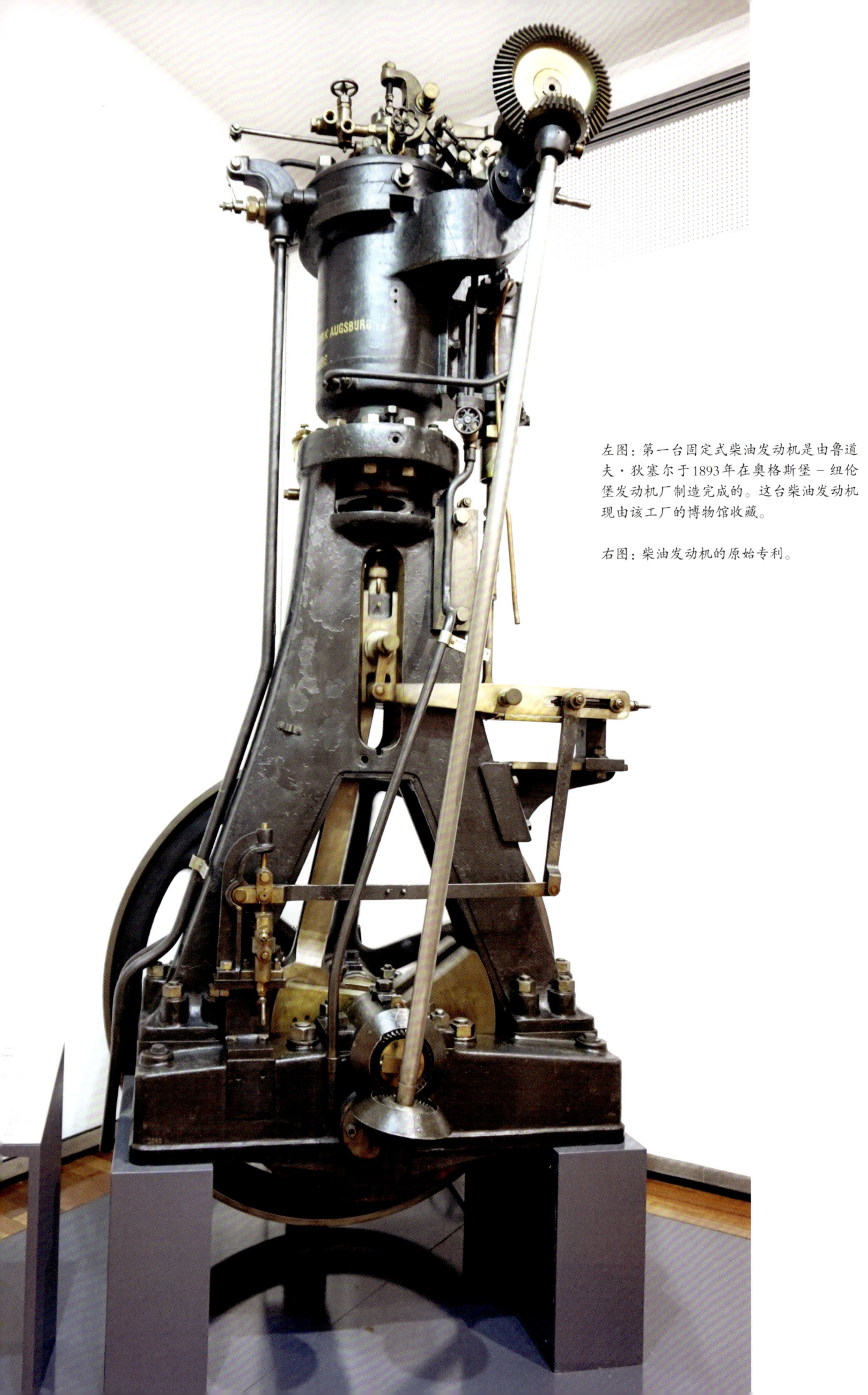

左图：第一台固定式柴油发动机是由鲁道夫·狄塞尔于1893年在奥格斯堡－纽伦堡发动机厂制造完成的。这台柴油发动机现由该工厂的博物馆收藏。

右图：柴油发动机的原始专利。

入院治疗数月，视力严重受损。

尽管屡屡遭受挫败，狄塞尔却一如既往地专注于研究工作。他从1893年开始在奥格斯堡机械工厂从事一款引擎的测试机型的研发工作。他花了4年才成功研发出满意的原型机。

1897年，狄塞尔发布了他设计的第一台可工作的柴油发动机，这是一款25马力四冲程的垂直气缸发动机。该设计通过在活塞压缩冲程结束时注入燃料的方式提升了早期机型的工作效率。燃料可由压缩所产生的高温自动点燃，这取代了传统的火花塞点火方式。狄塞尔测试了包括煤粉在内的各种燃料，并最终决定使用石蜡。这种液态燃料最终以发明者的名字进行了命名。

1年之后，发动机尚未完善之时，奥格斯堡机械工厂便开始生产这款机型。一些早期购买方对这款产品的满意度不高，某些机器也因为机械故障返厂。狄塞尔试图通过添加新式雾化器和改进空气压缩模式的方式解决反馈的问题。

首款柴油机是为固定设备设计的。从1903年开始柴油机才为船舶提供动力，10年之后其他机型开始在机车上测试，再后来才用于汽车驱动领域。可惜，鲁道夫·狄塞尔没有亲眼见证这一切便与世长辞了。

狄塞尔因为成功发明了高效引擎而在经济上有所获益，但是人们对于他在这项发明中所起作用的批评也令其颇受困扰。1913年9月29日，鲁道夫·狄塞尔在乘坐邮政轮船德雷斯登号的夜班轮渡从安特卫普驶往伦敦时，神秘失踪了。他舱位的卧铺没有睡过的痕迹，但帽子和手表却留在房间里。有人怀疑他跳船自杀了，但是阴谋论也层出不穷。10天之后，人们在北海发现了他的尸体。尽管文件显示这位工程师濒临破产，但是一个留给他妻子的密封信封中却装着等同于今天120万美元的遗赠。

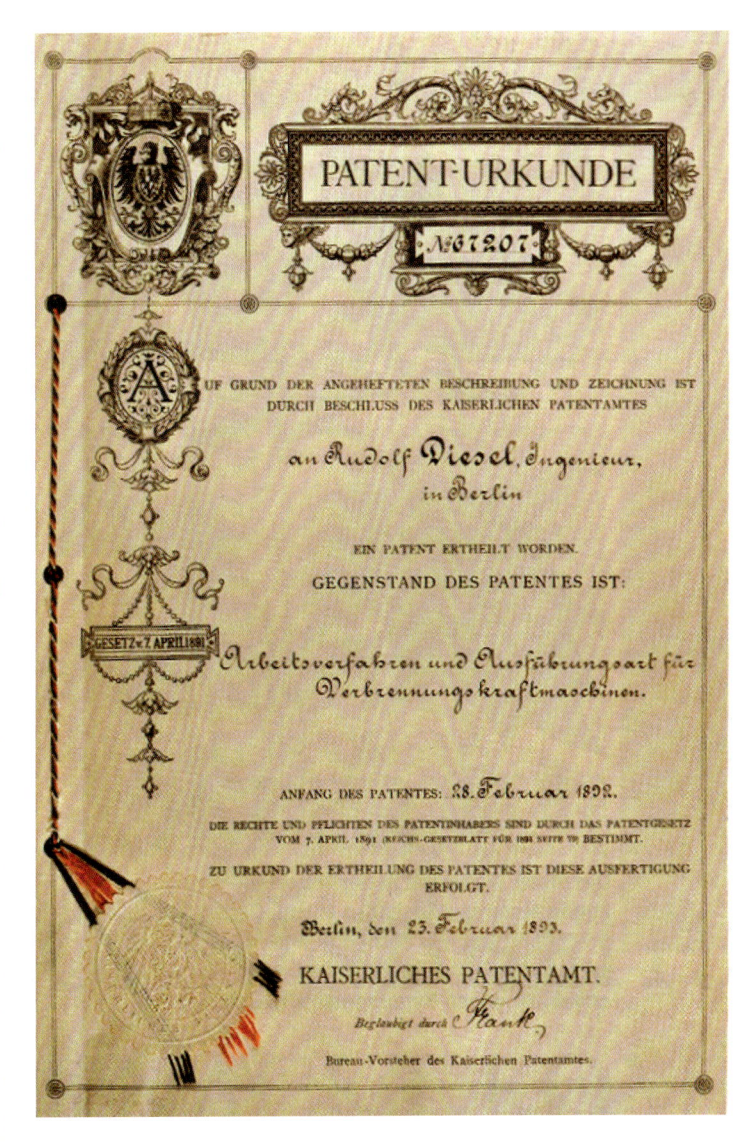

如果狄塞尔没有离世，那么他定当亲眼看到自己的梦想变成现实，看到他设计的发动机为数不胜数的汽车提供动力。时至今日，以他的原型发动机为基础发展出的各种新型发动机仍然在为形形色色的汽车、卡车、火车和轮船提供着动力。

了不起的工程师

卢米埃尔兄弟

> 我的发明仅可作为科学兴趣进行短暂的赏玩。除此之外，没有丝毫商业价值。
>
> ——奥古斯特·卢米埃尔对自己发明的电影放映机的评价，1913年

卢米埃尔兄弟发明了电影摄像机和放映机，将光影和动作传播到了世界各地。

奥古斯特·卢米埃尔和路易斯·卢米埃尔分别于1862年10月19日和1864年10月5日以两岁之差在法国城市贝藏松出生。他们的父亲查尔斯·安东尼·卢米埃尔原本是一名摄影师，后来转行生产摄影底片，但是业务惨淡，时至1882年，已经濒临破产。奥古斯特和路易斯因为在里昂的马丁尼尔技术学校学习过光学和化学，所以开始设计一种自动工艺，以帮助父亲制造底片。路易斯发明了一种新型干式照相底片"蓝色底片"，这种胶片将光敏纸和明胶乳剂有效地融为一体，延长了拍摄照片和冲洗照片之间的时间间隔，使摄影师不必在拍摄照片之后就急匆匆地冲进暗室冲洗照片。"蓝色底片"大获成功。时至1894年，卢米埃尔的家族企业已经生机勃勃，位于蒙普莱西尔市的工厂雇了300名员工，年产1500万张胶片。

安东尼·卢米埃尔在参加过托马斯·爱迪生和威廉·迪克森在巴黎举办的新式活动电影放映机展览会（见第118页）之后，带着一段放映机使用过的胶片返回里昂，拿给孩子们看。活动电影放映机每次仅能供一个人通过一个小型窥视孔观看放映的电影。安东尼相信，奥古斯特和路易斯能够做得

最高成就

蓝色底片
路易斯发明了干式照相底片，1881年。

电影放映机
电影放映机，1894年。

1400部影片
十年间拍摄的电影总量，1905年。

彩色底片
彩色摄影工艺，1907年。

上图：奥古斯特·卢米埃尔和路易斯·卢米埃尔。

上图：奥古斯特·卢米埃尔和路易斯·卢米埃尔伴在他们父亲使用的照相设备中长大，后来他们成功发明了干式照相底片工艺和捕捉彩色影像的方法。

更好，设计出一款既能为更多观众放映电影又更加轻盈便宜的机器。

奥古斯特和路易斯欣然接受了这个挑战。1894年，他们便设计出了一种名为"电影放映机"的装置。这个装置将摄制、冲洗和放映三种功能融为一体，成为世界上第一台功能完整的便携式胶片摄影机。这个发明仅重5千克，远远轻于爱迪生的活动电影放映机。电影放映机用

了不起的工程师

左图：电影放映机是由卢米埃尔兄弟于1894年发明的。这种设备不仅能够拍摄动态影像，而且能够为观众冲洗和放映影像。

曲柄手动驱动，以每秒钟16帧的速度放映35毫米宽的胶片，尽管较之于爱迪生46帧的机器更慢，但是电影放映效果却更加平稳。不仅如此，这款机器还具备低噪声和节省胶片等优点。

卢米埃尔兄弟的电影放映机在胶片通过机器的方式上实现了一个技术性的突破。路易斯被缝纫机在每两个缝合动作之间的暂停启发，为所有胶片都增添了齿孔。当胶片从放映机的镜头前经过时会随着摄像机快门的开启与闭合暂停。如此一来，电影胶片便可以从机器中平稳地穿过，每一帧胶片都在此过程中得到了同样时间长度的曝光。

卢米埃尔兄弟

在安东尼·卢米埃尔的组织下，卢米埃尔公司于1895年12月28日在巴黎的格兰德咖啡厅利用电影放映机进行了首次公映。第一部电影仅有50秒钟的长度，脚本内容也仅仅是卢氏企业的工人们下班时的场景，但是却让观众如痴如醉。一年之后，卢米埃尔一家在伦敦、布鲁塞尔和纽约市各开办了一家影院，放映一系列纪录片和喜剧。这款便携式摄影机能够随身携带到日本、北非和中美洲等大洋彼岸的地区，而且俄罗斯也曾经用这款机器拍摄最后一位俄国沙皇尼古拉二世的加冕典礼。自1895年到1905年的十年间卢米埃尔放映机拍了1400多部电影。其中许多电影今日仍可放映。

兄弟二人在推动了电影产业之后，开始专注于最初热爱的领域——摄影和色彩。此前，曾经有人对彩色摄影进行过尝试，但是并没有得到令人满意的效果。卢米埃尔兄弟将细微的红色、绿色和蓝色马铃薯淀粉颗粒融合到摄影底片上。这些颗粒可以起到滤光片的作用，当摄像底片的感光乳剂接触到光线后，便能够显影，逆光可以看到透明图像。1907年，卢米埃尔彩色底片一经问世便风靡全球，摄影师能够在旅行途中随时借助这种底片捕捉全彩图像。

卢氏企业继续在生产摄影材料领域耕耘多年，与此同时兄弟二人还不断转向其他多个领域验证研发能力。20世纪30年代，路易斯开始投身立体镜学领域，试图研发切实可行的三维塑像术，而奥古斯特则设计医疗器械，并对癌症和肺结核展开研究。路易斯在1948年6月6日过世。1954年4月10日，奥古斯特也离开了这个世界。他们研发的摄影技术和建立的影院产业依然为世界各地的观众奉献着多姿多彩的娱乐生活。

右图：卢氏兄弟研发的电影放映机在1895年举办首届公映时仅吸引了30名观众。但是这个消息经过口口相传之后，吸引了成千上万的观众慕名而来，观赏最初的"电影"。

了不起的工程师

莱特兄弟

> 人类对飞行的渴望是由远古的祖先遗传下来的思想。他们在史前时代举步维艰地在土地上艰难跋涉时，满心羡慕地仰望天空中那些自由翱翔的鸟类，渴望能够像它们一样在不限速的空中高速公路上全力越过一切障碍。
>
> ——威尔伯·莱特在法国航空俱乐部宴会上的演讲，1908年11月5日

当时代的脚步迈进了20世纪初期，驾驶可以操纵的重于空气的交通工具飞行的梦想似乎终于触手可及了。在航空工程师观察了几十年热气球和飞艇开拓航道之后，距离制造性能稳定的动力飞机越来越近了。大西洋两岸诸国对这一领域实现终极突破的对决正在紧锣密鼓的进行着。美国工程师和欧洲工程师在对自己的

下页图片：竞争对手航空先驱塞缪尔·兰利的先行版飞行器"艾罗卓慕号"在飞行测试中失败了。

下图：莱特兄弟的1900滑翔机。

最高成就

发现风翘曲
1899年

莱特风筝
1899年

首架莱特滑翔机
1900年

第一次飞行试验
北卡罗来纳州，奇蒂霍克，
1900年

风洞
1901年

莱特飞行器
1903年

第一次动力飞行
1903年

莱特飞行者一号
1905年
第一架真正意义上的飞机

上图：威尔伯·莱特（上）和奥维尔·莱特（下）。

设计进行改良和测试的同时，都紧张地留意着自己的竞争对手。威尔伯·莱特和奥维尔·莱特便是这些早期航空工程师中的一对美国兄弟。他们因为在1903年12月17日首次成功飞行了重于空气的飞行器而流芳百世。

1867年，威尔伯·莱特出生了，四年之后，奥维尔·莱特相继而至。他们的父亲是一名主教，同时也在俄亥俄州达顿市的一家教堂报社里担任编辑。莱特一家关系融洽，莱特兄弟二人也在独立思考中成长起来。威尔伯在学校表现得异常优秀，决定继续进入大学深造，但是却在一场曲棍球意外中失去了门牙。居家休养期间，他把自己埋进书房，如饥似渴地阅读，其中最令他遐思迩想的主题便是航空学了。孩童时代，兄弟二人便对父亲拿到家里的一个直升机玩具欣喜若狂。如今威尔伯开始对飞行的学问进行深入的研究了。

奥维尔则早早地退了学，经营了一家印刷厂。后来威尔伯也来帮忙，兄弟二人一边学习宝贵的工程学技术，一边生产印刷机。随着安全自行车的风潮潜入美国，奥维尔开始对自行车行业倾注热情。这便成了兄弟二人在工程学领域的又一次尝试。1892年，他们创办了莱特自行车公司，租赁、销售和维修自行车。后来，他们开始生产自己的自行车，这些自行车嵌入了几项他们的个人发明。兄弟二人的自行车企业非常成功，这为他们收获了可以经济独立的财富，使他们追求日益增长的航空学领域兴趣具备了条件。

兄弟二人此前阅读过形形色色的关于飞行机器及其英勇无畏的发明家的新闻报道。滑翔机先驱奥托·李林塔尔的悲剧性逝世，使彼时的飞机设计所存在的升空之后的不稳定性问题成为人们关注的焦点。威尔伯和奥维尔由于对保持自行车平衡的各种力都很熟悉，所以认为滑翔机也需要飞行员进行类似的不断调整才能操纵飞机稳定地飞行。从1899年开始，兄弟二人便对飞行器的设计展开系统性的研究了。他

了不起的工程师

左图：塞缪尔·皮尔庞特·兰利。

右图：兰利的无人动力机5号。

们利用一个改装自行车制造了一个旋转机器，以此对各种形状的机翼进行航空动力学测试。二人随后制造了多种滑翔机模型，并且一一进行了测试。在此之后，二人开展了全尺寸原型机的制造和测试工作。

自1900年始，莱特兄弟每年都会花费一个季度的时间在北卡罗来纳州的奇蒂霍克附近的海滨沙滩上进行飞行试验。当他们设计的早期滑翔机在飞行试验中失败了之后，他们就开始重新制图，制造了风洞，并且对更多理念进行了尝试。及至1902年9月，莱特兄弟已经使滑翔机的升力得到了改良。他们发明了一种通过采用线缆弯曲机翼边缘的方式控制飞机翻转的方法。他们称这项创新为"机翼翘曲"，这和现代机翼的副翼具有同样的作用。至此，他们设计的滑翔机已经具有了三个可以调整的飞行平面，即控制仰俯的前升降舵、控制航向的后方向舵和控制平衡的机翼翘曲，实现了对滑翔机运动的三个轴向进行控制的目的。莱特兄弟轮流驾驶他们设计的3号滑翔机完成了距离长达190米的可控飞行。此刻，兄弟二人所需要的仅剩一台轻型发动机了。

莱特兄弟选择采用汽油内燃发动机为滑翔机提供动力。由于他们无法找到型号适合的汽车发动机，所以他们的助理查理·泰勒专门定制了一台轻型发动机。竞争悄无声息地进行着，因为另一位美国航空工程师塞缪尔·皮尔庞特·兰利似乎已经把莱特兄弟甩在后面，率先接近终点了。兰利已经在1896年制造了一架小型蒸汽动力飞机模型，名为"无人动力机5号"，并且声称这是第一架重于空气的飞行机器。兰

利的飞机模型已经获得美国陆军的信任，他们资助他制造一架能够载重一名飞行员的全尺寸飞机。当莱特兄弟准备前往奇蒂霍克测试他们的首架动力飞机"莱特飞行器"时，他们已经得知兰利已经在紧锣密鼓地制造"全尺寸版动力飞机"了。

世事无常，他们的担忧在不久之后便成为了多余的顾虑。1903年10月7日，兰利的全尺寸版动力飞机在起飞之后便直接坠入波托马克河了。兰利在12月8日进行的第二次试飞也以失败告终，因为飞机在起飞过程中解体了。赛道再次让给莱特兄弟。1903年12月14日，莱特兄弟完成了他们设计的莱特飞行器的装配任务。威尔伯驾驶着莱特飞行器从一座沙丘上成

功起飞,但是飞机在起飞三秒钟之后便熄火了,重重地摔在地上。兄弟二人对飞机进行了维修,于12月17日再次进行了试飞,这次选择从铺在平坦沙地上的木质轨道上起飞。二人轮流操纵飞机起飞。奥维尔在第一次试飞中驾机飞行了12秒钟。但是这一天中由威尔伯驾机的第四次也是最后一次试飞却被成功地载入了史册。这次飞行持续了59秒钟,飞行距离达到了260米,成为世界上重于空气飞行器的首次可控持续飞行。

莱特兄弟针对这次飞行试验仅仅向媒体发表了一则低调的声明。因为他们希望在获得专

左图：莱特兄弟的飞机于1903年在北卡罗来纳州奇蒂霍克进行的首次动力飞行。

下图：美国总统塔夫脱于1909年在白宫会见莱特兄弟。

利权和通过公开演示飞行的方式巩固权力之前谨慎行事，以免泄露成功的秘密。当他们对莱特飞行器做进一步的完善工作时，世界各地的航空精英们都在奋力追赶。大西洋彼岸的欧洲竞争者们对莱特兄弟的声明持怀疑态度。在法国，竞争对手阿尔贝托·桑托斯·杜蒙特声称，他在1906年11月12日乘坐一架以风筝为框架的名为"14必"的飞行器进行了220米的"首次飞行"。然而，当莱特兄弟于1908年8月8日在法国勒芒市附近完成了一次漂亮的飞行演示之后，一切疑虑就都烟消云散了。更加先进的"A型飞行器"的适航性证实了莱特兄弟此前发布的声明具有无可辩驳的合理性。

莱特兄弟在奇蒂霍克获得成功之后，他们的名字就开始逐渐在世界各地变得家喻户晓。他们在1904年和1905年继续生产改良版的莱特飞行器，并且试图吸引美国陆军购买这款飞机。美国陆军最终于1908年2月和莱特飞机公司签订了一份合同，制造能够承载一名飞行员和一名乘客的飞机。这便是威尔伯后来在法国展示的A型飞行器。遗憾的是，兄弟二人将太多精力消耗在为了努力保护专利而采取的法律斗争中，因此浪费了飞机研发方面的领先优势。他们生产的飞机很快便遭到来自对手厂商的产品竞争，这些产品可以与他们的莱特飞行器媲美，甚至克服了莱特飞行器的某些缺陷。

围绕专利权而展开的漫无休止的法律纠纷消耗了兄弟二人太多精力。威尔伯因为法庭审判筋疲力尽，于1912年5月30日死于伤寒。不久之后，奥维尔于1915年卖掉了他在兄弟二人创办的飞机公司中所持有的股权，作为航空工程师顾问回归到了研发一线。奥维尔继续为兄弟二人制造了第一架具有适航性的飞机的声明进行维权，与支持兰利的史密森尼学会对抗。最后，史密森尼学会退了一步，但条件是以此换取允许史密森尼博物馆展示莱特飞行器的权力。奥维尔于1948年逝世。但是他在生前已经亲眼看见了人们乘坐飞机在天空中翱翔从令人难以置信的梦想变成了日常生活中的现实。

了不起的工程师

古列尔莫·马可尼

人类在与时空的斗争中所取得的进步，日新月异。

——古列尔莫·马可尼

最高成就

无线电报
无线电波系统专利，1896年

首次国际无线通信
从法国到英国，1899年

跨大西洋通信
从英国到加拿大，1901年

诺贝尔奖
获得物理学奖（和卡尔·费迪南德·布劳恩共享奖项），1909年

泰坦尼克号
用马可尼无线电发送求救信号（S.O.S.），1912年

上图：古列尔莫·马可尼。

右图：马可尼发现了利用电磁辐射发送和接收信息的潜力，并且引领了国际无线电通信技术的发展。

意大利发明家古列尔莫·马可尼在无线电报领域的研究，引领了远距离无线电传输技术的发展，而且为史上最大的悲剧事故之一的后续营救工作做出了巨大贡献。

1874年4月25日，古列尔莫·马可尼在意大利城市博洛尼亚出生。他的父亲拥有意大利贵族血统，母亲是爱尔兰人。富裕的家庭为他提供了私塾式教育，在数学、化学和物理等学科对他进行辅导。尽管马可尼没有被博洛尼亚大学录取，但是他却获准进入大学旁听讲座。马可尼因为讲座开始对德国物理学家海因里希·赫兹在电磁辐射即无线电波领域的研究工作逐渐熟悉起来。1894年，马可尼在自己的阁楼实验室里开展了无线电波领域的一系列个人实验，试图利用赫兹的发现研发一种通信系统。多年以来，电报一直采用发送摩尔斯电码的方式远距离传输信息。马可尼主张，以无线电波代替电缆对信息进行远距离传输也是可行的技术。

截至岁末，马可尼成功组装了用于远程触发家中电铃的无线电发射器和接收器。时至1895年夏季，马可尼在户外竖起了一根高架天线，在半径2.5千米的范围内广播无线电信号。但是当马可尼向意大利邮电部推介他

设计的无限电报机时，邮电部并不感兴趣。事已至此，马可尼便于1896年带着介绍信去了英国，英国邮政部的总工程师威廉·普利兹爵士鼓励马可尼为无线电通信系统申请了专利。

马可尼开始向英国政府展示他所设计的无线电通信系统的潜力。1897年，他发送了一条传输距离长达6千米、横跨索尔兹伯里平原的摩尔斯电码信息。1899年3月27日，马可尼从法国的维姆勒港向英格兰多佛港的南部海岬灯塔发送了一条跨越英吉利海峡的信息。这条信息传播了50千米，成为史上第一次国际无线通信。同年晚些时候，马可尼为两艘船提供了设

了不起的工程师

上图：世上第一条跨大西洋无线电信息是在1901年从英国康沃尔郡波尔沪的图中所示地点通过4根高度为65米（213英尺）的桅杆进行传输的。

备，向各大报社现场直播美洲杯帆船竞赛的实况，受到了高度评价。

人们认为，"直线"无线电波无法围绕地球弯曲的外表传播，但是马可尼却不顾传言对此做了尝试。1901年12月12日，马可尼带着助理乔治·坎普，登上了位于纽芬兰（今属加拿大）圣约翰市的一座山峰，收到了一个来自3500千米外英格兰康沃尔郡的信号。这条信息仅是以摩尔斯电码拼写的"S"，但是足以证明无线电波能够跨越大西洋。虽然马可尼不知道无线电波是通过围绕在地球表面的大气层的反射进行传播的，但是当他对远距离无线通信的尝试取得成功之后却非常高兴。后续的试验分别在爱尔兰和阿根廷之间以及英国和澳大利亚之间实现了信号传输。

1912年4月15日，当英国皇家邮轮泰坦尼克号撞上冰山开始沉没时，无线通信的用武之地开始显现出来。船员利用马可尼的设备发送了一条求救信号，这条信号传播了3.5个小时后被班轮卡帕西亚号收到了。卡帕西亚号从泰坦尼克号的20艘救生艇中成功救出了705名乘客。

20世纪20年代，马可尼采用更短的波长对他的无线电传输技术进行实验。短波的优势在于能够更好地增加信号强度、确定广播方向和保护信息安全。1924年，马可尼的公司获得了

一份在英国和英联邦诸国之间提供短波通信服务的合约。马可尼的公司也在英国的早期电视信号转播领域开展了业务。

马可尼结过两次婚,两个妻子均是出身贵族的大家闺秀,他们过着衣食无忧的舒适生活。1935年,马可尼返回意大利,开始积极支持墨索里尼的法西斯政党。在经历了一系列心脏病突发状况之后,马可尼于1937年7月20日在罗马逝世,死后以国家级葬礼安葬。

马可尼并非第一个对无线电波进行研究的工程师,而且他所使用的许多技术都是在其他发明家的成果的基础上进一步研发实现的。在1904年的一场争夺无线电发明专利的斗争中,马可尼击败了尼古拉·特斯拉(见第132页),才得以通过提供国际无线电通信服务获利。(1943年,即特斯拉逝世当年,法院推翻了有利于特斯拉的裁决。)马可尼借助他人的科研成果进行深入研发,使无线电通信技术成为广泛使用的国际化技术。在他逝世之后,世界各地的人们都将发射机关闭了两分钟,以向其默哀致敬。

下图:这台大型广播发射机是英国第一台广播发射器,摄于艾塞克斯郡切尔姆斯福德的马可尼工厂,1919—1920。

了不起的工程师

莉莲·莫勒·吉尔布雷斯

工人的精神健康，不仅对其身体健康有所影响，而且也影响着他工作的热情。

——《管理心理学》，1914年

最高成就

《管理心理学》
莉莲发表的博士论文，1914年

家务管理
优化了家政学，1929年

普渡大学
首位女性工程学教授，1935年

美国国家工程院
首位入选女性，1965年

胡佛奖
由美国土木工程师学会颁发，1966年

上图：莉莲·吉尔布雷斯。

美国的工程学第一夫人莉莲·莫勒·吉尔布雷斯，是首批被授予博士学位的女性工程师之一。她利用心理学知识，在照顾到员工健康状况的同时，提高了工作场所的效率。

1878年5月24日，莉莲·莫勒在美国加利福尼亚州奥克兰市一个阔绰的家庭出生。家中共有子女九人，莉莲虽为长女，但是颇为害羞，最初不得不居家学习几年，然后才转入学校学习。莉莲进入小学之后，虽然交友不畅，但是却在音乐和诗文方面表现出了天赋。彼时，人们并不期望女孩在高中毕业后继续进入大学学习，更不期望女孩从业。莉莲的父母希望她能够嫁给一个富有的丈夫然后安安稳稳过日子。莉莲有其他计划，所以申请进入加州大学伯克利分校从事一门课程的教职工作并被录取了。在此期间，她在英国文学和心理学领域的才华得到了施展，并在1900年被授予了在毕业典礼上做毕业演讲的殊荣。

1903年，莉莲遇见了一家总部位于波士顿的建筑公司的富有老总弗兰克·邦克·吉尔布雷斯。一年之后，二人结为夫妻。在弗兰克的建议之下，莉莲开始专注于心理学研究，从而帮助他管理公司。自此以后，夫妻二人携手努力，共同寻找能够提高工厂生产率的最佳工作方案。他们的思想将会改变全世界的工作惯例。

莉莲和弗兰克孕育了12个孩子，组建了一个大家庭。后来，孩子们将这个家庭的生活故事以及夫妻二人对提升家庭生活的效率而进行的种种尝试收录进了两本书《孩子多了更省钱》和《忙忙碌碌的女人们》。此后，这两本书还被改编成了电影[①]。

莉莲·莫勒·吉尔布雷斯堪称产业管理领域的先驱。她的理论中充分考虑了工人的健康和时间利用率。她也改良了工厂的工具和机械，并且设置了一套标准，从而使其更加易于使用。从1913年开始，吉尔布雷斯夫妇连续四年开办"科学管理暑期培训班"，从而传播他们的理念。

1914年，莉莲的论文及著作《管理心理学》出版了。在出版商的要求之下，吉尔布雷斯夫妇管理理念领域的作品最初都没有署名莉莲。他们认为，如果书名沾染了女人的名字，就会使作品的权威性贬值！

1924年夏天，弗兰克·吉尔布雷斯毫无征兆地因为心脏病离开了人世，享年55岁。莉莲终生未再婚配，也未放弃二人曾经共同坚持的理念。工程学领域的沙文主义思想使莉莲难以继续作为产业顾问谋生，但是她却坚持讲学，并且发现了一个需要提升时间管理方案的新领域——家政行业。莉莲通过简化家务工作并且减少家务时间的方式解放女性，从而使女性能够在更广阔的世界里工作。1929年，她在一次女性博览会中，将自己在这个领域的成果进行了展示，为融合了时间管理技术的更好的厨房布局方案指明了方向。莉莲所主张的简单改良

上图：尽管莉莲几乎不会做饭，但是她在离开工厂之后，改良了厨房的布局，从而节省了家务时间。

方案包含踏板操作式垃圾桶和带有货架的冰箱门。而电子罐头开瓶器和洗衣机排水管则是她申请的诸多专利中可圈可点的项目。

在20世纪30年代美国大萧条期间，莉莲担任胡佛总统的顾问，帮助失业人员寻找新工作。她成功实施了一个"共享工作"的方案。莉莲在第二次世界大战期间继续担任政府顾问，帮助改造工厂以满足军事需求。

1972年1月2日，莉莲因为中风在亚利桑那州凤凰城去世，享年93岁。她一生所获奖项林林总总，另有23个荣誉学位，尤为显眼的是，她在1966年因为杰出的公共服务获得了一枚胡佛奖章。莉莲·莫勒·吉尔布雷斯因为在工业实践领域对生产率和工人的健康及福利都做出了巨大的贡献而获得了世人的赞誉，被奉为"世上最伟大的女性工程师"。

---

① 译者注：《儿女一箩筐》和《群莺乱飞》。

左图：莉莲不仅建议在工厂内部对时间进行更好的利用，而且对工具的设计进行了改良，从而使其更加便于使用。

了不起的工程师

罗伯特·哈金斯·戈达德

> 莫要轻言不可能,因为昨日之梦想,乃为今日之希望,以及明日之现实。
>
> ——罗伯特·哈金斯·戈达德

最高成就

多级火箭
获得专利,1914年

真空试验
经过实验室证明,在真空中具有推进的可能性,1915年

火箭筒原型
管式火箭发射装置,1917年

第一次火箭发射
由液态燃料驱动,1926年

有效载荷飞行
配有气压计、温度计和摄像机的火箭,1929年

陀螺控制
制导火箭飞行,1932年

最高海拔
火箭飞到了2.7千米的高度,1937年

上图:罗伯特·哈金斯·戈达德。

右图:罗伯特·戈达德于1918年制造的火箭发射器与后来的火箭筒非常类似。

下页图片:美国工程师罗伯特·哈金斯·戈达德在病痛中坚强地活了下来,并且顶着各种嘲笑努力证明了将火箭发射到太空中的可行性。

尽管饱受嘲讽的压力,罗伯特·哈金斯·戈达德依旧义无反顾地追求利用液态燃料发射火箭的梦想,最终获得了成功。如今,戈达德被公认为现代火箭科技的先驱。

罗伯特·哈金斯·戈达德于1882年10月5日在美国马萨诸塞州伍斯特市出生,是一个游商家庭唯一幸存下来的孩子。戈达德自幼便对科学怀有浓厚的兴趣,父母给他买了望远镜和显微镜,以此对他表示鼓励。少年戈达德虽然体弱多病,却如饥似渴地阅读科学杂志和赫伯特·乔治·威尔斯撰写的科幻小说。十几岁时,他就已经开始利用风筝和充气金属球做实验了。

罗伯特·哈金斯·戈达德

了不起的工程师

罗伯特·哈金斯·戈达德

1904年，戈达德进入伍斯特理工学院学习。他优异的表现给物理老师留下了深刻的印象，使物理老师邀请他担任实验室助手及助教，与自己一起工作。戈达德以各种各样的奇思妙想构建了一个未来世界：人们乘坐着悬挂在真空管道里的汽车旅行，并且通过电磁的力量改变方向。

毕业之后，戈达德进入普林斯顿大学继续从事研究工作，并且在此获得了物理学博士学位。在此期间，他在飞机稳定性领域展示过自己的思想。他的理论与现代陀螺仪（测量方向并且帮助飞行员维持航向的旋转设备）的发展一致。1909年，戈达德提出了自己的火箭理念。他在采用固态燃料进行多次测试之后，确认液态燃料具有更高的效率，所以主张采用液态燃料充当最佳推进剂。戈达德建议用液态氢作为燃料，并以液态氧作为氧化剂助燃。

当戈达德的健康状况好转之后，他便进入克拉克大学担任了一名兼职教员。这使他有时间在火箭学领域开展各项实验了。尽管人们认为火箭不会在无法形成推力的宇宙真空中工作，但是戈达德却在克拉克大学的实验室里证明了推进运动在真空情况下的可行性。1914年，戈达德申请了两项主要专利，一项是多级火箭设计，另一项是使用液态燃料的火箭。这两项专利均为火箭设计工作在未来数十年的发展方向奠定了基础。

1917年，戈达德因为做了报告《达到极端高度的方法》而获得了史密森尼学会对他的火箭研究的支持。随着第一次世界大战愈演愈烈，戈达德也基于自己的各项实验提供了一些武器的设计理念。其中一项是管式火箭发射装置的设计方案，类似于后来的火箭筒。但是在他的设计投产之前，战争便结束了。

左图：1926年3月16日，戈达德发射了他制造的第一支液态燃料火箭"内尔"，发射高度为12.5米。这次2.5秒的飞行开启了火箭时代。

下图：可移动气体和排气扇帮助戈达德的火箭保持航向。

了不起的工程师

上图：戈达德在1935年发射的火箭的头椎体、降落伞和释放设备。

右图：从1930年夏天开始，戈达德便获得了资助，用于在新墨西哥州罗斯威尔市雇佣员工对他设计的火箭进行生产和测试。

戈达德的思想领先于他的时代许多年。他在1920年写给史密森尼博物馆的一封信中提出了几种思想，譬如，利用装配在火箭上的低空飞行摄像机拍摄行星照片、利用蚀刻金属盘向宇宙发送信息，以及利用太阳能为宇宙飞船提供动力。然而，媒体认为戈达德的理念不切实际，而且不惜以"相信火箭能够登陆月球"等字眼为标题撰写文章对其进行嘲讽。从此以后，戈达德选择沉默，避免自己的研究进程进入大众视野。尽管如此，一些科学界及工程界同行却怀着极大的兴趣研读他的理论。但是也有几名德国人对他有所关注，因为彼时的德国正在为军事冲突做准备。

1923年11月，戈达德对一款液态燃料发动机进行了测试，结果非常成功。经过进一步改良之后，他准备好对第一支液态燃料火箭进行发射试验了。1926年3月16日，戈达德在马萨诸塞州奥本市的埃菲姑姑家白雪覆盖的农场上，发射了他制造的第一支以汽油和液态氧为燃料的小型火箭"内尔"，发射高度为12.5米。这个渺小的开端开启了火箭时代。

在戈达德获得了突破之后，飞行员查尔斯·林德伯格对他提供了帮助，戈达德因此从

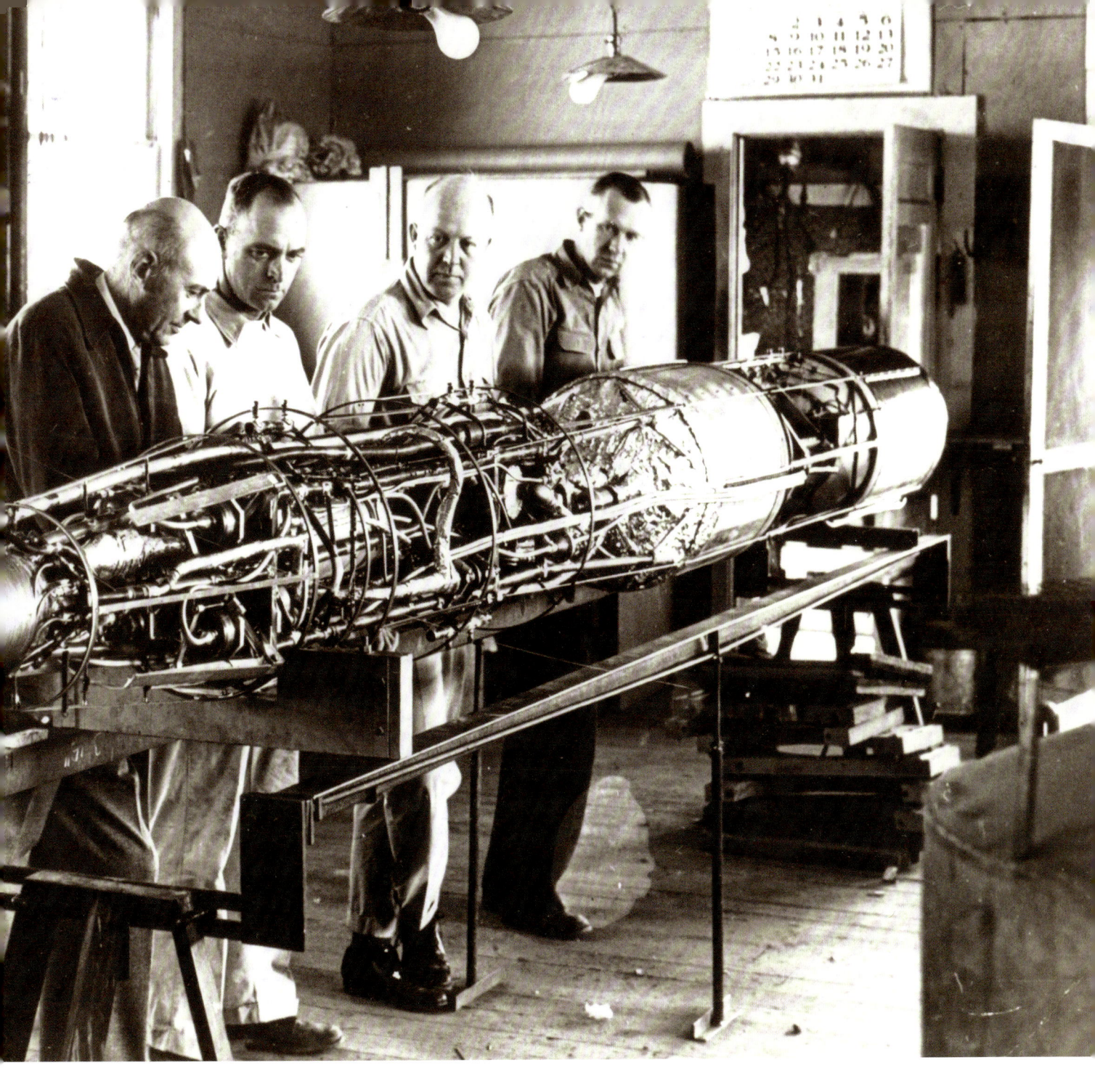

古根汉姆家族获得了资金支持。至此，戈达德拥有足够的资本雇佣员工并在新墨西哥州罗斯威尔市的基地进行飞行测试了。1937年，他发射了一支液态燃料火箭，其飞行高度超过了2.7千米。他对火箭设计的持续改良使液态泵、自冷却发动机和陀螺制导系统都在火箭领域得到了应用。

戈达德在第二次世界大战期间选择为美国军队提供帮助，这使其不得不放弃罗斯威尔基地，转而在马里兰州为美国海军部队研发喷气起飞助推器。在美国东海岸居住的日子里，他的健康状况逐渐恶化。1945年8月10日，戈达德因喉癌去世。尽管戈达德遭受过众人嘲讽和缺少政府支持的窘境，但是他的奋斗历程却为那些在导弹研发领域和美国太空计划中追随他的后继者提供了无穷的精神动力。人们以他的名字为一颗小行星和一座月球环形山命名，以此表达对他永恒的怀念。

了不起的工程师

诺拉·斯坦顿·布拉奇·巴尼

> 诺拉·斯坦顿·布拉奇·巴尼是一位才华横溢的工程师、建筑师兼数学家,为其他女性在这些领域施展才华铺垫了道路。
>
> ——纽约市环境保护局代理专员文森特·萨皮恩扎,2017年

最高成就

《沙子和水在压力管道中流动性的实验研究》
1905年

土木工程
第一位在该领域获得学位的美国女性,1905年

纽约市水务委员会
通过测试加入该组织,1906年

美国土木工程师学会
首位女性成员,1906年

纽约市卡兹奇山水库和高架渠
该地区第一座水库及高架渠结合体,1915年

女性政治联盟
任该联盟主席,1915年

上图:诺拉·斯坦顿·布拉奇·巴尼。

右图:诺拉·斯坦顿·布拉奇·巴尼是首位获得土木工程学位的美国女性。

如果让诺拉·斯坦顿·布拉奇·巴尼在工程事业和家庭主妇之间做出选择,那么她会选择工程事业。诺拉是首批在美国获得工程学位的女性学员之一,她为纽约市的水供应系统做出了巨大的贡献,并且以一种非同寻常的方式获得了荣誉。

诺拉·斯坦顿·布拉奇·巴尼于1883年9月30日在英国贝辛斯托克镇出生。诺拉的父亲是英国人,在一家酿酒厂担任经理。她的美国母亲和外婆都是为女人争取选举权的美国女权运动的领军人物。诺拉后来也追随了她们的脚步,领导了为妇女争取平等权利的运动。

诺拉在10岁出头时进入纽约的霍瑞斯曼学校学习,这期间她对数学尤为痴迷。每逢暑假诺拉便返回英国的故乡度假。最终,因为诺拉被伊萨州的康奈尔大学录取了,所以巴尼一家于1902年选择在美国定居。诺拉是第一批被西布利工程学院录取的女性学员之一。三年之后,她毕业了,并且以高分论文《沙子和水在压力管道中流动性的实验研究》获得了土木工程学位。

有了这些资历的加持，诺拉很快便找到了为美国桥梁公司设计桥梁的地面项目工作，以及为一家供水公司设计隧道的地下项目工作。诺拉在美国桥梁公司任职期间发现，她是办公室50名员工中唯一的女性工作人员，但是人们对她非常友好，而且公司保证她的工资收入和男性同事持平。工作不到三个月，她就开始管理9名男性员工，而且负责钢铁厂的视察工作了。但是她失望地发现，钢铁厂中的男女员工都受到严重剥削，只能得到低廉的工资，所以她选择了离职。在美国桥梁公司工作9个月之后，诺拉通过了进入水务委员会负责助理工程师的招聘测试。在水务委员会工作期间，诺拉作为起草技术员为纽约市位于卡兹奇山的第一座水库和高架渠制订了施工方案。

诺拉在哥伦比亚大学对数学和电学做了深入研究之后，开始在无线电真空管的发明者李·德·弗雷斯特的实验室里担任助理工作。二人于1908年结为夫妇。尽管诺拉获得了工程学学位，而弗雷斯特没有，但她依旧被德·弗雷斯特的电容工厂拒之门外。德·弗雷斯特对妻子参加工作这件事情非常不满，二人以一年之后离婚作为结局。此后不久，诺拉生产了一名女婴，名为哈里奥特。

诺拉重新回归工程学行业，在拉德利钢铁建筑公司做了三年助理工程师兼制图员，然后于1912年在纽约公共服务委员会担任建筑师、工程监察员兼钢结构设计师。

1915年，诺拉接管了女性政治联盟主席职位，并且以该联盟主办出版物《女性政治世界》编辑的身份为女性的平权组织运动和撰写文章。1919年，诺拉再婚，和海军建筑师摩根·巴内特结为连理。他们选择在康涅狄格州格林尼治区定居，诺拉·巴尼在此地选择了一份房地产开发商的职业。

尽管诺拉掌握了多项技能并且获得了多项资格，但令她烦恼的是，同事们经常认为她低人一等。尽管她是美国土木工程师学会吸纳的首名女性会员，却只是初级会员。直到1927年该学会才对女性开放正式会员政策。（2015年，美国土木工程师学会追授诺拉成员身份。）

1971年1月18日，诺拉·斯坦顿·布拉奇·巴尼在格林尼治去世。因为她对纽约市的供水基础设施做出了巨大的贡献，纽约市环境保护局于2017年为其授予了荣誉，并且将价值3000万美元的隧道掘进机命名为"诺拉"。诺拉·巴尼的孙女柯林·詹金斯对这个命名评论道，"诺拉隧道掘进机将会像诺拉本人一生的奋斗那样，勇于进取，开天辟地。"

了不起的工程师

奥莉芙·丹尼斯

仅仅因为从未出现过女性工程师，女人就不能成为工程师，这种说辞纯属荒诞的谬论。

——奥莉芙·丹尼斯

最高成就

获得康奈尔大学工程学学位
她是从康奈尔大学获得工程学学位的第二名女性，而且仅花费了一年时间便完成了学业。
1920年

在巴尔的摩和俄亥俄铁路公司工程部任职绘图员
1920年

晋升为"服务工程师"
1921年

辛辛那提号列车
丹尼斯负责检修整列火车，使乘客的安全得到了更好的保障。
1947年

上图：奥莉芙·丹尼斯。

右图：丹尼斯的改良工程改善了流线型列车的性能和乘客体验，譬如辛辛那提号列车。

20世纪之初，女性在工程学领域中从事职业的机会非常有限。制度壁垒阻碍女性进入教育机构研读工程学，工业结构依然由男权主导。奥莉芙·丹尼斯正是战胜千难万险去追求终生热爱的工程学的坚毅女性之一。她进入铁路工程领域工作，后来成了美国运输领域里举足轻重的人物。

奥莉芙·丹尼斯于1885年在费城出生，6岁时随家人迁居巴尔的摩市。母亲教她针线活，但是她却对制造器物更有兴趣。当她得到玩具娃娃之后，利用父亲的木工工具为娃娃建造了房子，并且制作了家具。奥莉芙10岁时，父亲在圣诞节送给了她一套工具箱作为礼物。她用这些工具为弟弟制造了一个能跑的有轨电车模型。她有时会在放学回家的路上驻足观望建筑工地上作业中的吊车和起重机。这些最初迹象已经表明了她对工程学逐渐产生的兴趣。

学生时代的丹尼斯多才多艺。中学毕业之后，她进入位于巴尔的摩的古彻学院继续深造，以数学和科技为研究方向，并且以班级第一的成绩顺利毕业。随后，位于纽约的哥伦比亚大学为她提供了奖学金，她在此钻研数学和天文学，并且获得了硕士学位。丹尼斯在20岁出头的时候在华盛顿哥伦比亚特区的麦金利手工培训学校找到了一份数学教师的工作。她在这个岗位上工作了近十年，但是那个年少时的工程之梦却依然在她心头萦绕。她利用每年暑假的时间参加了暑期培训班，学习测量和土木工程。当弟弟提及自己正在学习工程学时，丹尼斯决定是时候去追逐自己的梦想了。

1919年，丹尼斯辞去了教学工作，进入康奈尔大学研究结构工程学。这是为期两年的学位课程，但是丹尼斯仅用了一年时间便完成了学业。35岁时，她终于成为一名完全合格的工程师。当丹尼斯走上台接收学位时，观众席中突然冒出来一个男人轻蔑地问道，"一个女人能在工程学领域有什么作为？"丹尼斯暗暗决定向世界证明女性工程师究竟会做什么。当巴尔的摩和俄亥俄铁路公司的桥梁工程部向她抛出招聘的橄榄枝时，她的机会终于来了。这本是一个试用职位，但是却成为她长达30多年的职业生涯的开端。

丹尼斯花费了一年时间描绘蓝图并且设计了她职业生涯中的第一座铁路桥梁。然后，巴尔的摩和俄亥俄铁路公司的总裁丹尼尔·威拉德把她调任到了一个新的岗位，因为彼时的铁路正面临着来自公交车和私家车的越发激烈的竞争，所以威拉德想让丹尼斯对巴尔的摩和俄亥俄铁路公司进行深度调研，从而提出能够吸引更多女性乘客的改良措施。丹尼斯接受了这个"服务工程师"的新设岗位，并且在后续的两年里视察了整个铁路网络。仅第一年，她就买普通票乘坐了70000千米的里程，从而在旅途中获得乘客视角的体验。她对所见所闻都进行了记录并且提供了建议。

丹尼斯对她所甄别出来的某些问题找到了工程学解决方案。为了改善车厢密不透风的环境，她发明了丹尼斯通风器，并且对此申请了专利。这是一种可以使乘客通过独立控制的方式在不遮挡窗外视野的同时获取清新空气的窗式通风口。当巴尔的摩和俄亥俄铁路公司于1931年推介世界上第一辆空调列车时，丹尼斯也做出了贡献。她通过为列车安装卧铺的方式提升了乘客在漫漫长路上的舒适度，她也将车厢的布局改造得更加符合人体工程学特征。公司认为她具有远见卓识，所以委任她对"辛辛那提号"列车进行整体检修，辛辛那提号列车因此得到了许多改良。其中最特别的是，丹尼斯根据空气动力学设计了机车护罩，将传统的蒸汽机车改装成了现代化的光滑流线型机车。1947年，辛辛那提号列车开始运行。

1951年，65岁的丹尼斯退休了，在铁路工程史上书写了光辉的一页。6年之后，她离开了人世。丹尼斯在漫长的职业生涯中身体力行地为女性从事工程学事业的能力提供了证明，为后来的女性工程师开辟了道路。

了不起的工程师

内藤多仲

他的离世标志着地震工程学的某个时代的终结。
——乔治·豪森纳,"第五届全球地震工程学会议",1970年

最高成就

日本兴业银行
总行,东京,1923年

内藤故居
今,内藤纪念馆,1926年

名古屋电视塔
日本现存的最古老的电视塔,1954年

札幌电视塔
147米(483英尺),1957年

东京塔
保持日本最高建筑纪录长达50年,1958年

上图:内藤多仲。

被世人奉为"抗震结构之父"的日本建筑师兼工程师内藤多仲设计了令人印象深刻的具有抗震性能的坚固建筑和铁塔。他的理念为全世界多地震国家的建筑提供了借鉴价值。

内藤多仲于1886年6月12日在日本山梨县中巨摩郡榊村出生。高中毕业之后,他开始在东京帝国大学(今,东京大学)学习造船术。因为1904—1905年的日俄战争几乎摧毁了日本航运产业,所以他在此之后开始研究传统建筑。

在一场几乎摧毁美国旧金山市大部分地区的大地震一年之后,内藤开始进入大学学习了。日本位于太平洋"活火山带",这就意味着日本不得不面对频频发生的地震灾害,所以日本建筑师在设计过程中也不得不将地震因素考虑在内。内藤决心寻找一种建造抗震建筑的解决方案。他的大学毕业论文的研究题目是"抗震框架结构理

内藤多仲

下图：由内藤多仲设计并于1954年竣工的名古屋电视塔是日本最古老的电视塔。

了不起的工程师

论。内藤在读期间，他的导师——令人尊敬的工程师佐野利器——送给他一只袖珍计算尺。这只计算尺伴随内藤度过了职业生涯终生。

1912年，内藤进入早稻田大学任结构工程学教授。他继续周游世界，借鉴其他国家的建筑应对地震的策略，以此对工程学进行深入研究。他几乎没有找到什么解决方案，但是他坐火车之后却灵感迸发。1917—1918年，当内藤乘坐北美第一横贯大陆的铁路线上的列车穿越美国时，他观察到了行李是怎样在列车突然停车时被抛上行李架的。内藤为了把书籍和材料安置妥当，移除了箱子里的隔板，却发现箱子在运输过程中被摔破了。当他乘坐轮船时换了一只箱子，没有再移除隔板，却发现这只箱子在运输途中完好无缺。（他把这只箱子送给了儿子，后来成了内藤故居——即现在的内藤纪念馆——的展品。）内藤采取了隔板的理念，利用钢筋混凝土设计了建筑物内部的抗震剪力墙。他通过将横梁、立柱、天花板和地板结合为整体，设计出了即使在地震所产生的侧向力的作用下也会紧紧结合在一起的刚性结构。

1923年，内藤的策略在歌舞伎剧院、实业之日本社和高度为30米的日本兴业银行总部（设计师为渡边节）的建筑工程中得到了验证。在这些建筑仅仅完工3个月后，关东大地震就发生了。

左图：高度为147米的札幌电视塔于1957年完工。

右图：根据日本的航空规则，内藤设计的东京塔每5年就会以橙白相间的颜色重新粉刷一次。

这场7.9级的地震是日本帝国历史上最具毁灭性的地震之一，造成了程度广泛的人员伤亡和建筑损毁。坍塌或损毁的建筑多达700000栋，然而内藤设计的三座建筑却奇迹般地全部安然无恙。

事实证明，内藤多仲是正确的。内藤和美国加利福尼亚州等其他多地震地区的建筑设计师们分享了他的抗震设计理论。1926年，内藤多仲在东京早稻田大学附近为自家设计了一栋抗震三层住宅楼，每层楼均以钢筋框架浇筑混凝土建造而成。但是真正使内藤多仲驰名世界的是他设计的塔楼。

从1925年开始，内藤以毕生精力设计了几十座高度超过55米的钢质无线电塔，其中包括日本现存最古老的高度为180米的名古屋电视塔（这座电视塔因为在1954年拍摄的两部哥斯拉电影中被摧毁而闻名）。他还（分别于1956年和1957年）设计了位于大阪的高度为103米的通天阁（即通往天堂的塔，）和高度为147米的札幌电视塔。无可辩驳地是，他的扛鼎之作堪称东京最闻名的地标之一。令世人瞩目的东京塔以高出巴黎埃菲尔铁塔9米的333米高直耸天际，其重量却只有埃菲尔铁塔一半。这座广播电视信号发射塔以钢铁建成，其中包含少量从美国收购来的20世纪50年代朝鲜战争中损毁坦克的熔炼钢，在2010年之前一直保持着日本最高的建筑纪录。

内藤在晚年时致力于核电站的设计工作，其中包括竣工于1956年的英国考尔德豪尔核反应堆。他一直担任早稻田大学理工学部部长，直到1957年退休。1964年，内藤获得了备受尊敬的二等旭日勋章。

内藤多仲于1970年8月25日在东京逝世。为了纪念他，他早年教过的一些学生和他的许多支持者一起捐款在早稻田大学建造了内藤纪念馆。但是，位于日本和世界上其他多地震国家的因为使用内藤多仲分享的抗震技术而在地震中保存下来的众多建筑，才是对他最深沉的纪念。

了不起的工程师

韦雷娜·霍姆斯

> 直到现在，她才因为早已成就的功绩而闻名，因为这些功劳再也无法隐藏了。
> ——克劳迪娅·帕森斯在第二次世界大战期间对韦雷娜·霍姆斯的评论

最高成就

英国机械工程师学会
第一位女性副会员，1924年

女性技术服务登记制度
帮助储备了女性军火工人，1942年

霍姆斯和莱瑟合作公司
为女性创办了工程公司，1946年

上图：韦雷娜·霍姆斯。

自幼便对工程学情有独钟的韦雷娜·霍姆斯，在两次世界大战期间为自己找到了施展才华的机会。她先后创办了女性工程学会和个人企业，从而帮助很多女性跟随她的脚步从事了绘图和工程事业。

韦雷娜·威妮弗蕾德·霍姆斯于1889年6月23日在英国肯特郡阿什福德市出生，父亲是一名初级中学的教导员。相传她在年少时期就开始对事物的构成方式非常感兴趣，经常拆解玩具娃娃以此研究娃娃是如何组装的。霍姆斯在牛津女子高级中学完成了学业之后，从事了一份摄影师的工作。第一次世界大战爆发之后，青年男子奔赴欧洲大陆前线参战，那些通常属于男性劳动力的工作就需要由女性来完成了。由于霍姆斯对工程学抱有热情，所以她在亨登的整体螺旋桨公司帮助生产木质飞机螺旋桨。

她还参加了伦敦东区的肖尔迪奇技术学院夜校。

霍姆斯移居到林肯郡之后，继续从事她的研究工作，同时在工业引擎生产商鲁斯顿和霍恩斯比公司担任1500名女性员工的主管。她说服公司允许她在装配车间接受培训，以此获得车工经验。战争结束之后，因为男性从前线返回家乡接手了以前的工作，所以许多女性重新做回了家庭主妇。但是霍姆斯却毅然在岗位上坚守，直到1919年制图员的学徒期结束。同年，她作为创始人之一成立了女性工程协会。这个协会的宗旨在于帮助女性获得工作，以及鼓励女性选择工程学作为事业。20年后，战争再次爆发，当社会需要女性进入工厂工作时，女性工程协会的有益价值再次得到证明。

3年之后，霍姆斯从拉夫堡工程学院毕业，获得了工程学学位。1924年，英国机械工程师学会将她吸纳为副会员，霍姆斯成为第一位受到邀请的女性会员。在大学里，霍姆斯和获得了汽车工程学位的同年毕业生克劳迪娅·帕森

下图：霍姆斯发明了许多专利，其中一项是用于帮助肺结核病人缓解痛苦的霍姆斯温菲尔德气胸设备。

斯成为终生的挚友。彼时，仅有3名女性学员在这所大学与300名男性共同学习工程学，霍姆斯和克劳迪娅便是其中的两位。

毕业之后，霍姆斯在一家航海工程公司工作了一段时间，然后在美国做了一段时间科技记者。1925年，她创办了自己的工程咨询公司，以航海工程和机车工程为服务方向。她申请了几项专利，其中包括治疗肺结核病人的人工气胸设备、外科医生头灯、吸尘器、蒸汽机车的专用气阀，以及内燃发动机的专用气阀。1928年，霍姆斯开始在苏格兰格拉斯哥市的北英国机车厂工作。三年之后，又进入研究工程师有限公司工作了近十年。

第二次世界大战期间，霍姆斯肩负起了重

了不起的工程师

上图：在第二次世界大战期间，韦雷娜·霍姆斯设计了鱼雷用旋转式陀螺仪阀门——鱼雷是英国海军在大西洋战争中所使用过的重要武器。

右图：第二次世界大战结束之后，霍姆斯和希拉·莱瑟共同创办了一家公司，为女性提供工程领域的工作机会，其中包括这座位于肯特郡吉林汉姆市的女子工厂。

要职责，为英国海军生产鱼雷、增压器以及其他武器科技专用的旋转式陀螺仪阀门。她也向英国政府劳动部部长欧内斯特·贝文提出了培训女性军火工人的建议。从1940年至1944年，英国劳动部任命霍姆斯为总部的技术官员，并且在1942年建立了女性技术服务登记制度。

第二次世界大战结束之后，霍姆斯和同事希拉·莱瑟于1946年共同创办了自己的私人工程公司——霍姆斯和莱瑟合作公司。她们位于肯特郡吉林汉姆市的金属切割厂仅招聘女工。这座工厂的诸多成就之一是设计了学校用于剪切纸张和卡片的安全切纸机。

身为经理人兼作家，霍姆斯竭尽全力鼓励女性接受工程学领域的培训课程。1964年2月20日，韦雷娜·威妮弗蕾德·霍姆斯去世了。5年之后，她创办的女性工程学会利用她留下的1000英镑遗产为少年儿童组办了韦雷娜·霍姆斯年度系列讲座，期望以此为新一代工程师提供精神鼓励。这个年度讲座在此后的40年间从未间断。

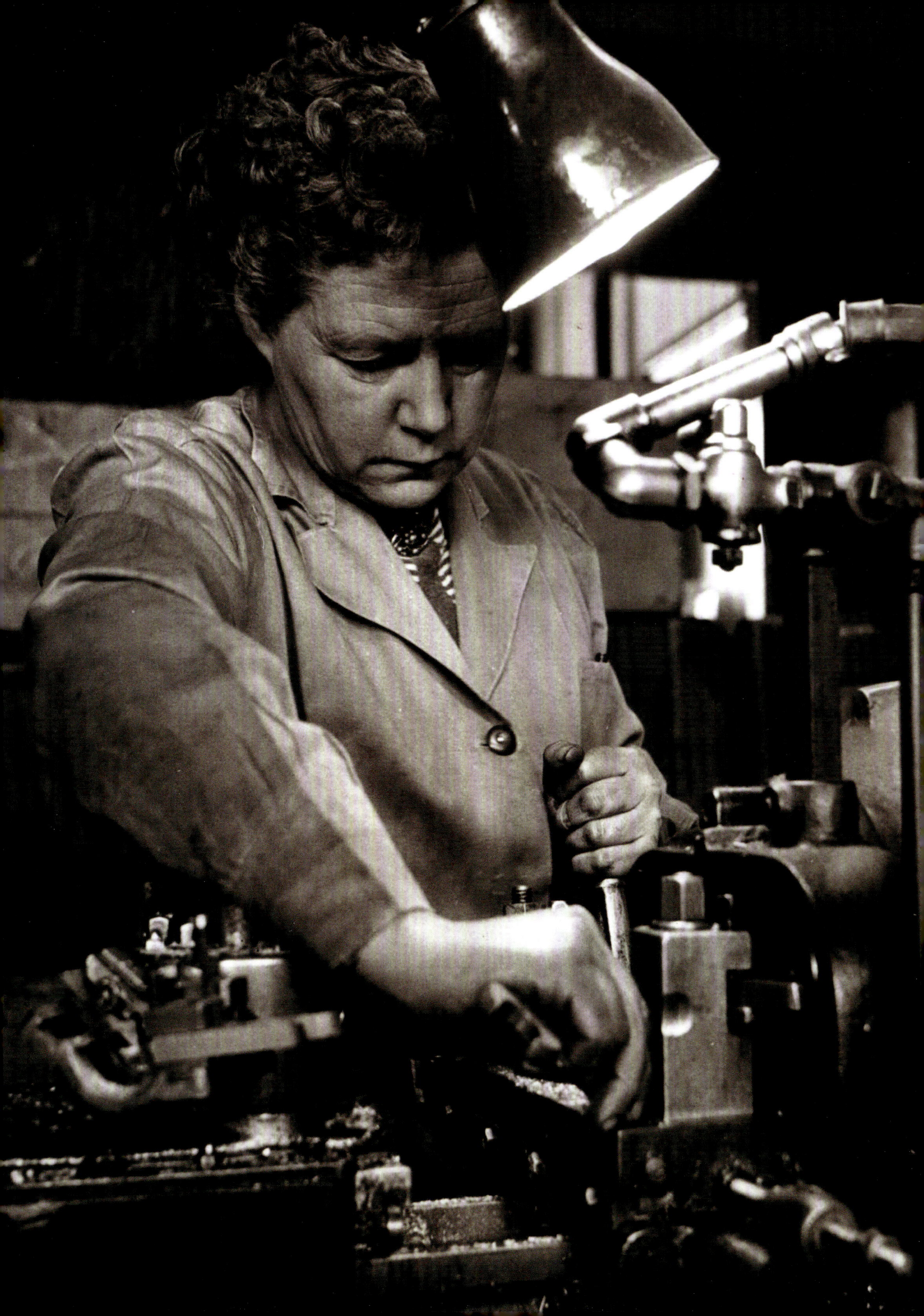

了不起的工程师

埃格·西科斯基

> 无论你在世界何处遇到麻烦，飞机都只能从头顶飞过，最多撒下鲜花，但是直升机却能着陆，挽救你的生命。
>
> ——埃格·西科斯基

最高成就

S-2 单引擎复翼飞机
首次飞行，1910 年

S-5 单引擎复翼飞机
获得飞行执照，1911 年

"格兰德号"
第一架设计成功的四引擎飞机，1913 年

S-29-A 双引擎复翼飞机
第一款美国设计飞机，1924 年

S-42 美国飞剪
飞艇，1934 年

沃特-西科尔斯基 VS-300
直升机成功系索飞行，1939 年

R-4
世界上首款批量生产直升机，1942 年

上图：埃格·西科斯基。

右图：西科斯基设计成功的首架美国飞机 S-29-A，由创造纪录的美国飞行员罗斯科·特纳收购，经营包机飞行业务，后被改装成为飞行雪茄商店。

　　俄裔美籍航空工程师兼飞行测试员埃格·西科斯基的飞机设计为现代直升机提供了参考的原型。

　　埃格·伊万诺维奇·西科斯基于 1889 年 5 月 25 日在基辅（今，乌克兰，基辅）出生，在少年时代便痴迷于航空领域。身为心理学教授的父亲和身为资深医师的母亲都鼓励他要对个人的兴趣持之以恒。埃格的母亲将自己对艺术的热忱，尤其是对列奥纳多·达·芬奇的画作所怀有的热爱，传承给了孩子。文艺复兴时期的艺术家达·芬奇也痴

下图：1910年，埃格·西科斯基站在他设计的原型直升机 H-2 旁边。

迷于工程学，而且构思出了精致的飞行器，其中包括一款早期直升机。这为12岁的西科斯基提供了灵感，制造了一款采用橡皮筋驱动的小型直升机，而且试飞成功了。

两年之后，西科斯基被录取进入了圣彼得堡海军学院。3年之后他离开这所学校，决定接受培训成为一名工程师。1907年，西科斯基开始在基辅理工学院机械中心学习。1908年夏天，西科斯基随同父亲进行了一次欧洲旅行，对莱特兄弟的飞行成就和斐迪南·冯·齐柏林以及他设计的飞艇进行了深入了解。西科斯基决定为飞翔奋斗。

西科斯基从1909年开始尝试采用25马力轻型引擎和水平旋翼设计初代直升机。但是这次尝试并没有取得成功，他将失败归因于缺少可用材料和资金不足，所以这个项目将不得不再多等几年才有条件继续开展。于是西科斯基开始专注于设计固定翼飞机，并且创造出了一系列复翼飞机产品。1910年6月3日，西科斯基设计的S-2复翼飞机成功起飞并且飞行了几英尺的距离。经过一些调整之后，西科斯基驾驶飞机达到了18-24米的高度，但是飞机随后熄火了，坠毁在一个峡谷里。西科斯基没有因为挫折而气馁，继续对设计进行改良。他设计的S-5单引擎复翼飞机飞行时间超过了1小时。此时的西科斯基已经积累了足够可以获得飞行许可证的经验。

当他设计的S-6型号飞机的燃油管线被蚊子阻断，导致飞机紧急迫降之后，西科斯基开始在后来的设计中选择使用多引擎方案。他设计的四引擎"格兰德"号飞机是一架在驾驶舱后装有乘客舱的大型复翼飞机。1913年，俄国沙皇尼古拉二世观看了格兰德号的首航。格兰德号是第一架试飞成功的四引擎飞机，同时也是

了不起的工程师

早期嵌入封闭客舱的飞机之一,所以它当之无愧地成为未来商务飞机的参考标准。第一次世界大战期间,西科斯基设计的四引擎格兰德号飞机经过重新设计之后被改装成了轰炸机。

第一次世界大战后,俄国内部发生了十月革命和苏俄国内战争。在此之后,西科斯基为了能够在航空研发领域获得更好的机遇,选择西渡,在1919年3月30日到达了美国纽约市。又过了多年后,他才回归飞机设计行业。1923年,在几位前任俄国军官的支持下,西科斯基在纽约市罗斯福岛创办了西科斯基航空工程公司。一年之后,西科斯基获得了俄国作曲家拉赫玛尼诺夫的财政支持,制造了S-29-A(A指美国),这是在美国飞行的首批双引擎飞机之一。S-29-A能够载重14名乘客,飞行速度可达185千米/小时。

1926年,西科斯基尝试过设计一款能够跨越大西洋的获奖飞机,但是原型飞机却偏离了

上图：埃格·西科斯基的四引擎"格兰德号"飞机。

航道，燃起了熊熊大火，一切以失败告终。西科斯基为了能让公司在困境中运营下去，开始设计水路两栖飞机。事实证明，这些产品取得了巨大成功，泛美航空公司针对中美洲和南美洲航线的业务采购了许多此类产品。西科斯基在康涅狄格州斯特拉福德市建造了一座新的制造厂，并且同联合飞机和运输公司签订了一笔业务。

1934年，已经加入了美国国籍的西科斯基研发出了能够进行跨大西洋飞行的"美国飞剪号"大型飞艇，然后重新拾起了令他魂牵梦萦的直升机设计事业。从1929年到1935年，西科斯基为他设计的"直升机"申请了几项专利，然后在1939年9月14日对他设计的沃特－西科斯基V-300型直升机成功地进行了系索试飞。VS-300采用单体主旋翼提供升力，并在机尾装配一个小型旋翼，以此抵消扭矩（一种旋转

了不起的工程师

上页图片：俄裔美籍航空设计师埃格·西科斯基坚持亲自驾驶自己设计的原型飞机进行试飞。

上图：西科斯基设计的R-4直升机是世界上第一款批量生产的直升机。

力）。自此之后，这种设计便广泛应用于各种直升机。西科斯基的VS-300取得了成功，于是他在1942年推出了世界上第一款批量生产的直升机R-4。

1957年，西科斯基以工程经理人的身份退休了，但是依然从事顾问工作。埃格·伊万诺维奇·西科斯基实现了他将列奥纳多·达·芬奇的旋翼动力飞机素描图变成现实的梦想，于1972年10月26日在康涅狄格州伊斯顿城的家中去世。虽然他在复翼飞机和飞艇领域都取得了累累硕果，但是西科斯基的名字却因为直升机而流芳百世。

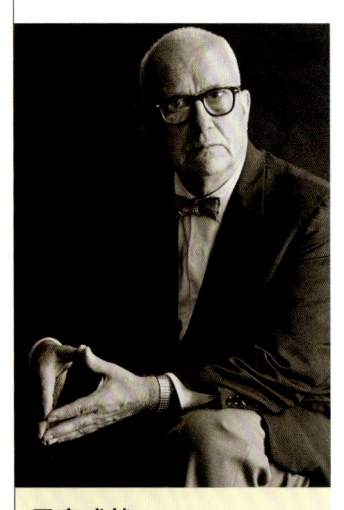

了不起的工程师

理查德·巴克敏斯特·富勒

> 我们所有的建筑都是以压缩力为基础进行建造的。整个工程学都是围绕这个理论展开的，人们对张力却并不认可。但是我却发现，正是由于张力作用，我的测地线穹顶才屹立不倒……
>
> ——理查德·巴克敏斯特·富勒，"我所知道的一切"主题讲座，1975 年

最高成就

仓库建筑系统
1927 年

最大限度利用能源住宅
1930 年

最大限度利用能源汽车
1933 年

首座测地线穹顶
1949 年

蒙特利尔生物圈
1967 年

上图：理查德·巴克敏斯特·富勒。

与早期博学家有所类似的是，美国工程师兼发明家理查德·巴克敏斯特·富勒也是一名哲学家。他主要通过重新设计了可以追溯到远古时期的工程结构测地线穹顶而受到了世人的铭记。但是富勒也想设计一些形体不太容易确定的东西——未来。他将自己从工程学中摄取的理念融入了他广泛的哲学体系、科技的人文视野以及构建未来的方式当中。他的理念和理论，如同他所设计的测地线穹顶那般，都是他的工程学遗产的一部分。

巴克敏斯特·富勒于 1895 年在马萨诸塞州米尔顿市一个传统的新英格兰自由思想家世家出生。尽管富勒聪明绝顶，甚至堪称少年发明家，但是他却因为和因循守旧的校园制度分庭抗礼而遭到哈佛大学开除。他从事过诸如在工厂机械师等各种各样的工作，然后在第一次世界大战期间为美国海军服役。富勒最初担任无线电报务

理查德·巴克敏斯特·富勒

上图：最大限度利用能源住宅。

兵，然后负责指挥一艘救生艇，在此期间他设计了绞车，以此营救遭到敌军击落的飞行员，这展示出了他的发明家天资。

1917年富勒和安妮·休利特结婚，之后，他和岳父詹姆斯·休利特合伙经商。此前，休利特曾经为房屋建造行业设计过新式模块化系统。这些模块化房屋采用由压缩木屑制造成的空心木块装配而成，并用混凝土浇筑木块的空心区域，从而使房屋结构变得坚固。富勒利用他和岳父共同研发的仓库建筑系统建造了数百座房屋，直至公司在1927年破产。捉襟见肘的窘境以及3岁女儿离世5年仍然无法消解的悲痛让富勒触及了人生的低谷，甚至一度尝试自杀。

富勒后来声称，他拥有一种指引自己为人类终生奉献的愿景，并且认为这是使他东山再起的根本原因。怀着这样的初衷，富勒开始研究如何利用科技改变世界，从而为人类做出贡献。他首先构思出一个廉价工厂预制房的新理念。他将这种配有蓄水池、自然通风系统和卫生系统的未来感十足的住所称为"最大限度利用能源住宅"。最大限度利用能源住宅由铝建成，内部由宛若自行车辐条一样的支架支撑，从而使其质量足够轻盈，可以空运到目的地。

最大限度利用能源住宅是一种激进的概念。然而，这种概念尽管展示了颇有远见的原型，却没有太多受众。但是富勒所倡导的自主住宅理念却具有深入人心的影响力，并且为后来出现的生态住宅设计方案提供了灵感。富勒提倡的另一个以波纹钢板为原材料的预制圆形住宅理念更为成功。第二次世界大战期间，美国陆军委托富勒生产了100多套最大限度利用能源组屋，并且对这些组屋进行了部署，以此缓解住房短缺问题。

富勒在20世纪30年代早期还设计了一款具有未来感的汽车——三轮超流线型的最大限度利用能源汽车。尽管这个设计具有开创意义，但是在原型机完成之后便没有继续下去。令人遗憾的是，最大限度利用能源汽车在1933年参加芝加哥世界博览会时发生了致命的交通事故，这使产业界失去了对富勒设计的概念进行研发的兴趣。

1949年，富勒建造了他设计生涯中的第一座测地线穹顶。德国工程师沃尔瑟·鲍尔斯菲尔德已在此前提出了测地线穹顶的概念，并且

下图：最大限度利用能源汽车。

上图：富勒设计的测地线穹顶之一，蒙特利尔生物圈。

于1922年为一所采用该设计的天文馆申请了专利。但是富勒将它的全部潜力展现了出来。传统的穹顶使用压缩力将建筑的重量分散到坚固的承重墙上。承重墙的强度对建筑的体积具有决定性的限定作用。测地线穹顶本质上是一个由许多三角形单元格构成的半球。这些单元格将穹顶的重力平均分散到整个建筑上，使得建筑可以具有更大的体积。

相对传统穹顶而言，测地线穹顶以十分廉价的材料实现对更大空间的封闭，从本质上达到了"以更少材料做更多事情"的效果。利用最少的能量和材料使最多的人获利成为了富勒哲学体系的基础构架。富勒获得了这款设计的美国专利，并且建造了许多地标性的穹顶建筑，其中包括于1967年在加拿大举办的世界博览会上展出的美国馆，亦即当今的地标性建筑蒙特利尔生物圈。

富勒计划采用测地线穹顶技术建造房屋，但是他的未来主义城市的梦想如同他的许多构想一样，都只停留在图纸或者研发工作的阶段，没有得到实施。然而，他的测地线穹顶和许多伟大理念仍然为许多人提供着源源不断的灵感。

了不起的工程师

伊尔姆加德·弗吕格·洛茨

> 我希望生活永远乐趣无穷。那就意味着，新事物会不断造访生活。
>
> ——伊尔姆加德·弗吕格·洛茨

最高成就

洛茨方法
机翼升力的计算，1931年

《不连续自动控制》
发表了开关控制领域的开创性作品，1953年

工程学教授
首位在斯坦福大学获得教授职位的女性，1961年

上图：伊尔姆加德·弗吕格·洛茨。

德裔美籍空气动力学专家兼工程师伊尔姆加德·弗吕格·洛茨为飞机制造工业提供了精确的计算。她成为斯坦福大学的第一位女性工程学教授。

伊尔姆加德·弗吕格·洛茨于1903年7月16日在德国哈默尔恩市出生。她很早便在数学领域表现出了天赋。作为一名记者的女儿，同时也是一家建筑公司的继承人，伊尔姆加德在自己感兴趣的技术领域得到了鼓励。当她的父亲在第一次世界大战期间应征入伍之后，少年洛茨一边在汉诺威高级中学学习，一边担任数学和拉丁语家庭教师，以帮助家里维持生计。1923年，洛茨进入汉诺威莱布尼茨大学学习数学和工程学，并且一直在此攻读到1929年，最后获得了博士学位。当时，她经常是班里唯一的女性学员。

洛茨的职业生涯起始于航空研究公司——哥廷根空气动力试验所。她在公司内部担任初级研发工程师，和公司主管路德维希·普朗特尔及阿尔伯特·贝茨亲密合作。不久之后，她便针对一个困扰了年长同事多年的数学难题提交了解决方案，从而证明了自己的价值。洛茨的计算使工程师们更容易研究飞机机翼的升力分布状况。人们将这种算法称为"洛茨方法"，这使她晋升为非正式部门主任，负责进一步甄选研究项目。

1938年，洛茨和土木工程师威廉·弗吕格结为夫妇。彼时，以阿道夫·希特勒为首的纳粹政权统治着德国。由于弗吕格持有反纳粹思想，他在工作中的晋升之路举步维艰。伊尔姆加德·弗吕格·洛茨成为理论空气动力学部的主任之后，也发现进一步升职受阻。因为性别她无法成为教授。弗吕格·洛茨夫妻二人决定离开哥廷根市，移居到德国首都柏林。此后，

伊尔姆加德在德国航空研究所做了空气动力学顾问。移居之后不久，战争便爆发了。1944年，同盟国对柏林实施的炸弹袭击迫使弗吕格·洛茨夫妇二人随同整个部门搬到德国南部乡村藻尔高。

战争结束之后，藻尔高成为法国管控区。弗吕格·洛茨夫妇二人受邀帮助法国开展空气动力学研究项目。1947年，他们移居巴黎，加入了国家航空空间研究办公室。弗吕格·洛茨担任一个研究团队的负责人，从事自动控制理论研究。一年之后，弗吕格·洛茨夫妇二人移居美国，双双进入斯坦福大学授课。根据斯坦福大学沿袭已久的规则，因为威廉·弗吕格已经身为教授了，所以他的伴侣弗吕格·洛茨是不许参评教授的。

尽管弗吕格·洛茨在斯坦福大学没有正式头衔，但是她却有资格带领研究项目、组办研讨会，以及指导学生撰写空气动力学理论方向的硕博论文。1949年，她在斯坦福大学教授了第一门课程，并且为研究生教授流体动力学的数学方法和空气动力学的数学方法两门课程。弗吕格·洛茨在流体机械学、数值方法和自动控制领域表现出了浓厚的兴趣。她的工作也涉及了计算机的应用。弗吕格·洛茨继续在她所选择的领域进行研究的同时，也作为学校里的激励性人物定期邀请学生参加她在家中创办的非正式学习团队。

上图：作为空气动力学领域的数学天才和专家，伊尔姆加德·弗吕格·洛茨成了斯坦福大学首位女性工程学教授。

1960年，弗吕格·洛茨作为唯一来自美国的女性代表参加了在莫斯科举行的首届国际自动控制联合会，是教授团队中的唯一一名"讲师"。当弗吕格·洛茨受聘成为斯坦福大学首位女性工程学教授之后，这种级别的差异终于在下一届会议中得到了改变。

1968年，弗吕格·洛茨退休了。但是她继续担任研究人员，研发卫星控制系统、热传递以及高速汽车的阻力。1970年，她入选为美国航空航天学会会员。伊尔姆加德·弗吕格·洛茨在退休之后，关节炎日益严重，在长期病痛的折磨下，于1974年5月22日在加利福尼亚州帕洛阿托市去世。她在整个职业生涯中共发表了50多篇技术论文，出版了两本书。由于她坚持不懈的品格和在数学领域的励精图治，空气动力学领域取得了巨大的进步。伊尔姆加德·弗吕格·洛茨逝世40年后，斯坦福大学为了纪念她，追授她为推动科学技术取得巨大进步的35名"工程学英雄"之一的称号。

弗兰克·惠特尔

> 我得出的结论是,如果你想飞得既快又远,就必须飞得很高,以比螺旋桨的最快还快的速度飞到活塞发动机开始罢工的高度。
>
> ——弗兰克·惠特尔爵士,1986年

现在,每架飞过天空的喷气式飞机都要感激弗兰克·惠特尔爵士和汉斯·冯·奥海因这两位航空工程师的先驱性贡献。由于在第二次世界大战中处于敌对立场,这两位工程师分别在英国和德国工作。他们研发的喷气式发动机推动历史实现了飞跃性的进步。

英国工程师弗兰克·惠特尔是第一位构思出利用喷气式推进燃气涡轮发动机为飞机提供动力的人。他在1930年为自己的设计申请了专利,并且于1937年4月12日成功地公开测试了一台发动机。然而,惠特尔研发使用自己设计的涡轮发动机驱动的飞机的愿望受到了英国空军部的阻挠和延误。这使冯·奥海因成为第一位真正建造喷气动力飞机并驾机飞行的人。他采用自己设计的涡轮发动机为"亨克尔He-178"号飞机提供动力,并且在1939年8月27日进行了世界上首次涡轮喷气引擎动力飞行。

惠特尔的成就源于他坚韧不拔的意志和工程学领域的天赋。惠特尔出生于考文垂市的工人阶级家庭。少年时代便对飞行怀有热情,而且制作了一些飞机模型。他的父亲摩西在一家机械工具厂做领班,后来经营了一家小型工程公司。少年惠特尔通过帮助父亲,积累了一些工程学经验。惠特尔天资聪颖,但是对学校和作业却持有厌恶情绪,唯有飞行才能让他散发想象力。他废寝忘食地阅读飞行方向的书籍,而且在大众阅览室自学了涡轮机、引擎机械学和飞

最高成就

《飞机设计的未来发展》
惠特尔在年仅21岁时针对喷气式发动机的理论撰写的论文,
1928年

惠特尔的喷气式发动机专利
1930年

惠特尔设计的喷气推进发动机的首次测试
1937年

亨克尔He-178
首次喷气动力飞行是由一架装配了冯·奥海因设计的涡轮喷气发动机的飞机实现的,
1939年

格洛斯特E28/39飞机
一款采用惠特尔设计的W1涡轮喷气发动机驱动的飞机,
1941年

格洛斯特设计的"流星号"喷气飞机开始服役
1944年

上图:弗兰克·惠特尔。

弗兰克·惠特尔

下图：惠特尔的喷气推进发动机。

行理论。

惠特尔一毕业就决定做一名飞行员。他向克伦威尔皇家空军学院申请学徒期，但是由于身高和身材没有满足标准而遭到了拒绝。他听从了皇家空军学院一位富有同情心的体能训练教练的建议，严格遵守食谱和锻炼项目，以增加体重。惠特尔后来提及，他因此使身体增高了3英寸。然而，皇家空军学院仍然拒绝了他，而且告诉他不会接受他的第二次申请。惠特尔没有气馁，对名字稍作改动，提出了第三次申请。这一次，他终于获得了录取资格。

当惠特尔在克伦威尔皇家空军学院做学徒时，他开始思考采用燃气涡轮机为飞机提供动力的可能性。1928年，他的论文《飞机设计的未来发展》为涡轮喷气式飞机奠定了理论基础。彼时，他年仅21岁。

作为一名飞行员，惠特尔非常了解采用传统活塞发动机驱动的飞机的局限性，它们的性能很快就无法满足时代的需求了。惠特尔的突破在于，他认识到高空中的空气阻力更低，涡轮发动机能够提供比螺旋桨更高的速度，从而发挥出更加优秀的性能。人们早已熟知喷气式

左图：格洛斯特 E.28/39 飞机是英国生产的第一架喷气式飞机，这架飞机使用惠特尔发明的具有创新性的涡轮发动机作为驱动部件。

推进和燃气涡轮发动机的原理，但是惠特尔采用了一种新的方式对二者进行了整合，从而解决了新的问题。

惠特尔设计的涡轮喷气发动机前端置有一个状如风扇的压缩机。这种结构会将空气吸入环状燃烧室组，与燃料混合、压缩、燃烧，从而形成能够产生推力的废气，驱动涡轮机运行。涡轮机安装与压缩机共用中轴，所以这个过程也会驱动压缩机吸收空气。

然而，当惠特尔试图在英国空军部以及更为广泛的航空工业内部推介自己设计的涡轮喷气式飞机理念时，却没有得到支持，甚至备受阻挠。当时，人们普遍认为燃气涡轮机是不切实际的，而且认为制造能够耐受喷气式推进器的压力和温度的发动机所需要的材料尚不存在。在资金和支持均很有限的情况下，惠特尔举步维艰。与此同时，汉斯·冯·奥海因在德国对他的实验性喷气式发动机得到了更多热情。他和飞机制造商恩斯特·亨克尔合伙，最终在1939年见证了他设计的涡轮喷气式飞机引擎第一次成功地为飞行提供了动力。

最终，惠特尔在大概两年之后的1941年5月15日成功将使用他设计的W1涡轮喷气式飞机引擎的格洛斯特E28/39飞机升上了天空，进行了17分钟的测试飞行。和冯·奥海因设计的实验性引擎有所不同的是，惠特尔设计的W1号引擎性能更加可靠，而且可以批量生产。W1号引擎后来被安装到于1944年开始服役的格洛斯特"流星号"喷气式飞机上。第二次世界大战结束之后，冯·奥海因说道，如果英国空军部支持了惠特尔的设计，英国就会因为拥有喷气式战斗机而掌握制空权，不列颠战役也许就不会发生。

1935年，当惠特尔设计的涡轮喷气式飞机引擎遭到英国空军部拒绝之后，他创办了一家名为动力喷气机的公司，继续对喷气式飞机进行试验和研发。惠特尔对喷气式飞机的潜力信心十足，而且已经预见到了喷气式客运飞机跨越大西洋的未来景象。同时，他也分配出一部分精力在剑桥大学研究工程学。似乎生活的重量和工作的压力尚未把他推到极限，因为他还分出精力为动力喷气机公司融资，同时担任公司的总工程师。英国空军部造成的困境继续遏制着动力喷气机公司的发展，动力喷气机公司和发动机生产商罗孚签订的一笔订单也使惠特尔的科研事业出现了进一步的延误。有一段时间，惠特尔的原始专利过期了，而他却没有足够的资金续费。劳斯莱斯汽车公司最终在1943年对惠特尔研发的引擎进行了进一步发展。但是惠特尔为了能够对他的英国喷气式飞机的理念进行推进，不得不在他的公司国有化转型时慷慨地让出他公司中的利益。尽管英国皇家发明家奖励委员会因为他的开创性工作在1948年为他提供了100000英镑奖金，但是他却没有因为自己的发明获得任何版税。

最终，时间证明了惠特尔对喷气式飞机的未来设想是正确的。正如他当年任职初级飞行工程师时预见的那样，他设计的喷气式飞机引擎不断地为飞机产业提供着革新的力量。今天，惠特尔的发明所带来的影响在我们仰望天空时随处可见——也在全球经济中发挥着作用。我们生活在一个由高速而且廉价的航空运输产业所塑造的世界当中。

了不起的工程师

沃纳·冯·布劳恩

它将会把人类从难以摆脱的地球固有引力的枷锁中解放出来。天堂之门将为人类敞开。

——沃纳·冯·布劳恩对火箭的评论

最高成就

V-2火箭
弹道导弹，1942年

红石火箭
美国第一枚弹道导弹，1953年

探索者1号
红石发射了第一颗美国卫星，1958年

美国国家航空航天局
冯·布劳恩任职美国航天局局长，1960年

土星5号运载火箭
发射多级重型火箭，1967年

阿波罗11号
土星5号火箭发射首次登月任务，1969年

上图：沃纳·冯·布劳恩。

沃纳·冯·布劳恩作为早期火箭发展史上最著名的人物之一，帮助美国太空计划实现了载人登月的目标，但是他的声誉却因为他在德国的早期工作而蒙上了污点。

沃纳·冯·布劳恩于1912年3月23日在德国维斯兹（今，波兰的维日斯克）的一个贵族家庭出生。他从年少时起便常常仰望星空。移居柏林之后，母亲在他13岁生日那天送给他一只望远镜作为礼物，少年冯·布劳恩自此开始对天文学着迷起来。冯·布劳恩在阅读了奥匈帝国工程师赫尔曼·奥伯特的作品《飞往星际空间的火箭》之后，开始潜心钻研物理学和数学，期望成为一名火箭工程师。

1930年，当冯·布劳恩在柏林工业大学加入了航天学会之后，他开始和奥伯特共事，在液态燃料火箭试验中做助理工作。两年之后，冯·布劳恩毕业

上图：由冯·布劳恩和克劳斯·里德尔共同设计的 V-2 火箭，在第二次世界大战期间充当弹道导弹使用。从1944年9月到1945年3月，数千枚 V-2 火箭从伦敦、安特卫普和列日发射，造成约9000人死亡。在这些导弹的生产过程中，共有12000名强制劳工死亡。

了，获得了机械工程学位，然后进入柏林弗里德里希·威廉大学[①]对物理学和工程学进行深入研究。在此期间，冯·布劳恩的业余火箭团队引起了陆军军械官瓦尔特·多恩贝格尔的注意，他为冯·布劳恩提供了一笔研究经费并允许他在柏林南部的一个陆军基地测试火箭。时至1935年，冯·布劳恩的团队已经利用液态燃料将两枚测试火箭成功发射到超过2.4千米的远处。这项研究被收录在冯·布劳恩的学位论文中，但是因为涉及敏感的军事内容而受到保密处理，直到1960年才得到解封。

1933年，阿道夫·希特勒掌握了德国的政权。为了能够获准继续从事火箭研究工作，冯·布劳恩于1937年加入了纳粹党，并将研究项目转移到波罗的海佩内明德的一个秘密军事基地，由多恩贝格尔担任军事指挥官，冯·布劳恩则就任技术指导。

1939年，第二次世界大战爆发了。冯·布劳恩的工作开始朝着军事应用的方向发展。当冯·布劳恩设计的 A-4 远程弹道导弹测试成功之后，纳粹宣传部将其更名为复仇武器2号[②]。V-2 导弹的飞行速度超过5600千米/小时，能够运载980公斤（2200磅）的弹头攻击320千米以外的目标。纳粹党在位于米特尔维克的一个地下工厂中生产 V-2 导弹时，强迫附近一座集中营中的囚犯充当劳工，导致12000名囚犯死亡。自1944年起，比利时和英国遭到大约2800枚 V-2 导弹袭击，导弹造成大规模损毁，约9000人死亡。冯·布劳恩对工厂情况的了解程度，以及他对那些由他研发的导弹造成死亡的灵魂负有何种心理，我们都无从知晓。但是，不可否认的是，任何因为冯·布劳恩在火箭科技领域所获成就而心怀敬佩的人，都在了解到他曾经帮助纳粹事业之后而失语。

第二次世界大战结束之后，冯·布劳恩向美国投降，并且在随后的15年间为美国陆军的弹道导弹项目工作，研发了红石导弹、木星—C 导弹、朱诺导弹和潘兴导弹。1952年，他为

[①] 译者注：今柏林洪堡大学。
[②] 编者注：即 V-2 导弹。

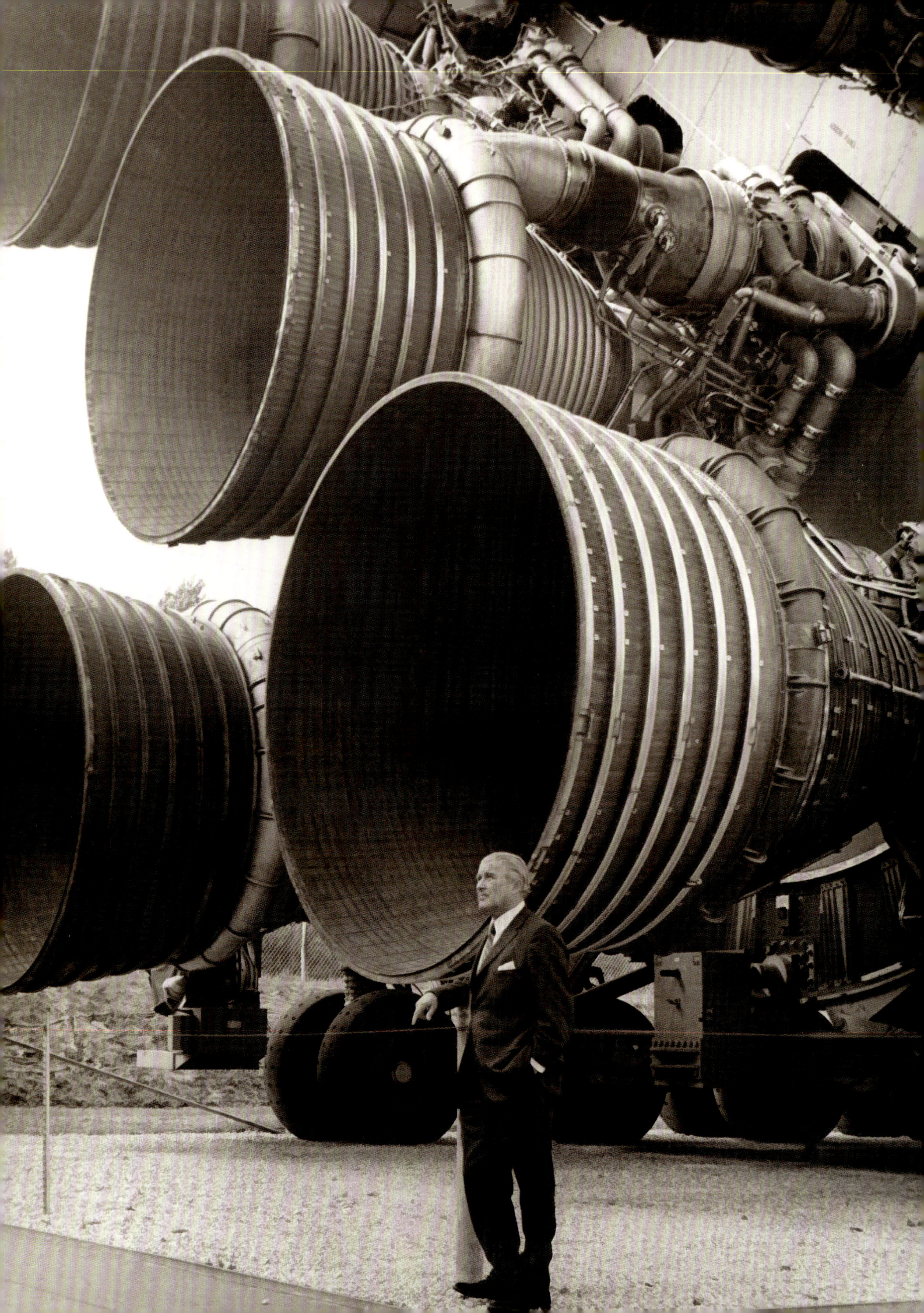

《科里尔周刊》撰写了以火箭和太空旅行为主题的系列文章的开头几篇文章。冯·布劳恩在这一系列文章里描述了各种各样的轨道空间站和形形色色的月球基地。他还出版了一本书，在书中设想了人类登陆火星的任务。1955年，已是美国公民的冯·布劳恩通过迪士尼公司推出了一部电视连续剧《明日世界》，他穿越宇宙的思想得以通过动画的形式走进了大众生活。

20世纪50年代和60年代的整整20年间，美国和苏联卷入了一场国际"太空竞赛"。由于美国非常幸运地聘请到了冯·布劳恩，其在火箭科技领域占据了优势地位。苏联于1957年率先将"斯普特尼克1号"人造地球卫星升上地球轨道。一年之后，冯·布劳恩设计的红石火箭将第一颗美国人造地球卫星"探索者1号"升入太空。此后，俄罗斯先于美国三个星期将宇航员（尤里·加加林，1961年）送入太空。下一站目的地是月球。

1969年7月16日，由冯·布劳恩和他的团队设计的"土星5号"火箭将一组三名宇航员送上了太空。四天之后，其中两人——尼尔·阿姆斯特朗和埃德温·巴兹·奥尔德林——在月球表面安全着陆。冯·布劳恩登陆其他星球的儿时梦想终于成为现实。继之后五次运送宇航员登月并安全承载他们返回地球之后，阿波罗计划被取消了。冯·布劳恩深感失望，于1972年选择从美国国家航空航天局退休，然后在马里兰州弗尔柴尔德航空工业公司担任了工程研发副总裁。

1977年，美国总统福特授予冯·布劳恩美国国家工程科学奖，但是冯·布劳恩卧病在床，没有参加在白宫举行的颁奖仪式。1977年6月16日，沃纳·冯·布劳恩因为胰腺癌在弗吉尼亚州亚历山大市逝世。尽管沃纳·冯·布劳恩与德国纳粹党之间的关系不可忘却，但是他在火箭科技领域的前瞻性研发却的的确确帮助人类实现了登陆月球的伟大飞跃。

上页图片：沃纳·冯·布劳恩站在土星5号火箭的F-1发动机组旁。

右图：由冯·布劳恩和他带领的美国国家航空航天局团队设计的三级土星5号超级重型运载火箭，在1967年至1973年之间处于服务期，帮助24名宇航员完成了登月任务。

了不起的工程师

最高成就
约翰汉考克大厦 芝加哥，1969年
西尔斯大厦 芝加哥，1973年
阿卜杜勒阿齐兹国王国际机场，朝觐航厦 沙特阿拉伯，1981年

法兹勒·拉曼·汗

他是绝无仅有的能在塑造建筑师理念和建造建筑物本身这两个领域中都发挥重要作用的工程师。

——美国建筑师协会，身后提名奖，1983年

法兹勒·拉曼·汗是一名采用创新理念革新了高层建筑结构的结构工程师。汗原籍孟加拉国，后来移居到美国，并且于20世纪60年代在美国研发了建筑摩天大楼的全新方法。汗开拓性地使用了钢管结构，以此取代传统的钢质方形框架。这非常明显地降低了所需的钢材，意味着他设计的摩天大楼更高，建筑成本也更经济。汗富有远见的突破开创了一个高层建筑的新时代。当今时代的多数高层建筑仍然采用他设计的原则施工。

汗于1929年在印度的一个地区出生，后来这个地区变成了现在的孟加拉国。他的父亲是一位受人尊敬的数学教师，通过将令人生厌的家庭作业转化成更具挑战性和娱乐性的活动，为少年时代的汗夯实了天才必需的基础。汗的数

左图：位于波士顿的约翰汉考克大厦。

下图：西尔斯大厦。

学成绩和物理成绩非常突出，他也乐于在机械领域修修弄弄。在父亲的鼓励下，汗后来没有在物理领域进行深入研究，而是选择了土木工程专业作为发展方向。1950年，汗以班级第一的成绩毕业了。

随后是两年时间的深入学习，这期间汗同时作为高速公路工程的助理工程师获得了实践经验。1952年，汗获得了两项奖学金让他得以远赴美国，在伊利诺伊大学学习了三年。他获得了两个硕士学位：一个是理论与应用力学硕士学位，另一个是结构工程学硕士学位。他还在结构工程学领域获得了博士学位。汗在理论与实践工程学领域做过许多研究，这为他打下了坚实的基础，使他能够以更有远见的视角超越传统解决方案，成为一名结构工程师。当汗在考虑美国某些顶级工程公司的工作邀请时，偶然遇见了一个在以芝加哥为总部的斯基德莫尔、奥文斯和梅丽尔建筑公司中工作的朋友。当汗得知该公司所参与的项目以及他们整合建筑和结构工程的方式时，便知道自己想要选择

左图：位于沙特阿拉伯的阿卜杜勒阿齐兹国王国际机场的朝觐航厦。

回到芝加哥之后，汗与建筑师布鲁斯·格雷厄姆建立了长期的创作伙伴关系。汗正是在与格雷厄姆紧密合作的过程中获得了突破性的创新，改写了高层建筑工程的规则手册。当格雷厄姆就摩天大楼最经济的设计方案向汗征求意见时，汗告诉他成本最低的摩天建筑应该采用管状结构进行设计。汗对管状设计的优势了如指掌。只要将摩天大楼的外墙设计得坚固耐用，就可以适当减少楼内的柱体和钢结构，因此管状摩天大楼需要的材料更少。建筑结构既有助于释放内部空间，又会使建筑拥有更好的抗风效果。有传言说，汗的部分灵感源自少年时代家庭附近的高大管状竹竿呈现出来的韧性。但是汗的远见卓识也一定是以深厚的理论和实践知识为基础的。

汗建造的第一幢钢管设计摩天大楼是于1969年在芝加哥竣工的100层的约翰汉考克大厦。第二幢摩天大楼是于1973年在芝加哥竣工的威利斯大厦（前身是西尔斯大厦），这幢大厦采用模块化管状设计完成，每个模块由9个连接在一起的矩形管子构成。威利斯大厦保持了25年世界最高建筑纪录。汗还设计了一些其他的管状建筑，并且采用钢质交叉结构对某些大厦进行加固。

后来，汗建造了一些其他的标志性建筑，其中包括位于沙特阿拉伯的阿卜杜勒阿齐兹国王国际机场的赫赫有名的朝觐航厦。法兹勒·拉曼·汗于1982年逝世，享年52岁。但是，汗因为在摩天大楼领域所取得的成就而受到世人怀念，并且因此获得了历史上最伟大的结构工程师之一的美誉。

的职业方向了。他拜访了公司，进行毛遂自荐。他给公司留下了极好的印象，公司当场就给他下了聘书。尽管这家公司的薪酬低于其他公司，但是汗接受了聘书。因为他有机会在专业方向的最深层次发挥才能，而且可以立刻主管个人项目，这让他心动。1955年，汗上任了，工作了一年半后，他离开了公司，去巴基斯坦做了一段时间执行工程师。此后，他又在1960年重新进入了斯基德莫尔、奥文斯和梅丽尔建筑公司，并一直工作到退休。

图片出处

AKG 图库
19

阿拉米图库
10、13、22下、32、38、44、47、59、68、72、74、109、112、147、159、160下、179、184

布里奇曼图片社
45、60

英国图书馆
53下

布鲁克林博物馆
95

Flickr 图片库
54

盖帝图片
9、12上、15、21、33、37、39、49、55、56左、58、65、66、76、79、80、82、89、90、98、104下、106、120、123、143、154、161、172、178、192、193

英国帝国战争博物馆
131

英国国会图书馆
79、81、91、93、107、114、116、119、121、130、140、150上、151、156、168、169、187

纽约大都会艺术博物馆
4

美国宇航局
162下、163、164、166、196下、198、199

公共领域图库
158、190

科学与社会图库
117

科学图库
16左、186

史密森学会
153（美国国家艺术与航天博物馆）

Shutterstock
2、3、7b、18、26、31、42、49下、69、71、84、97、100、104上、105、128、173、175、177、191、200、201、202

美国专利局
137、139、140

惠康系列
87、86、124下、135

维基共享
5、7、8、12下、14、16右、17、20、22上、23、24、25、27、28、29、30、34、36、40、41、43、46、48、49、50、52、53上、56右、57、61、62、63、64、67、73、77、78、87、88、94、96、99、101、111、113、115、118、124上、125、126、127、129、132上、133、136、138上、142、144、145、146、148、149、150下、152、155、157、160上、162上、164、167、170、171、174、176、180、181、182、185、188、189、194、196上、197